AF452711

CHAQUE PIÈCE, 20 CENTIMES.
221ᵉ ET 222ᵉ LIVRAISONS.

THÉATRE CONTEMPORAIN ILLUSTRÉ

MICHEL LÉVY FRÈRES, ÉDITEURS,
RUE VIVIENNE, 2 BIS.

LES
AVENTURES DE MANDRIN

MÉLODRAME EN CINQ ACTES, ET DIX TABLEAUX
Par MM. Alphonse ARNAULT et Louis JUDICIS

MUSIQUE DE M. FOSSEY

REPRÉSENTÉ POUR LA PREMIÈRE FOIS, A PARIS, SUR LE THÉATRE DE LA GAITÉ, LE 9 MAI 1856.

DISTRIBUTION DE LA PIÈCE:

MANDRIN	MM. ALPHONSE ARNAULT.	CLIQUOT	
DE SIMIANE	FEUVRE.	UN MEUNIER.	BLOT.
DE BOISSEC	ALEXANDRE.	UN BRIGADIER DE LA MARÉCHAUSSÉE.	ALFRED.
BEAUVOISIN	PERRIN.	UN GEOLIER	THIERRY.
LAMBERT	JULLIAN.	UN BANDIT	
DE MORVAL	PÉPIN.	UN NOTAIRE	JANIN.
THOMAS	FRANCISQUE jeune.	MARGARITA	Mmes NAPTAL-ARNAULT.
PIÉTRO	CLÉMENT JUST.	ISAURE	AUGUSTA.
CHRISTOPHE	LASOUCHE.	DE MORVAL	LÉONTINE.
ROQUAIROL	JOSSE.	MADAME BEAUVOISIN	JEAULT.
LE DOCTEUR	LEQUIEN.	UNE MEUNIÈRE	HÉLOISE.
TAUPIER	AUBRY.	BANDITS, PAYSANS, DRAGONS ET SOLDATS DE LA MARÉCHAUSSÉE.	

L'action se passe dans la province du Dauphiné en 1755.

—Droits de représentation, de reproduction et de traduction réservés.—

Acte premier. — Premier tableau.

Une place publique dans le village de Saint-Hilaire (Dauphiné). Aspect d'une foire. D'un côté boutiques de marchands, tréteaux de saltimbanques et une auberge avec cette enseigne. « AU DAUPHIN COURONNÉ. CLIQUOT, AUBERGISTE. » De l'autre une tonnelle encadrée de pampres. Sous la tonnelle sont plusieurs tables occupées par des buveurs. Des paysans endimanchés circulent sur la place et s'arrêtent par groupes devant les tréteaux des saltimbanques.

SCÈNE PREMIÈRE.

CLIQUOT, LE DOCTEUR, déguisé en saltimbanque, TAUPIER, en mendiant, ROQUAIROL, en maquignon, PIÉTRO, PAYSANS, PAYSANNES, THOMAS.

(Au lever du rideau, musique de parade, bruyante et grotesque.)

LE DOCTEUR, criant.

Ceci, Messieurs et Mesdames, vous représente le portrait vi-vant de la bête du Gévaudan, cet animal monstrueux, colossal, phénoménal, qui dévore l'un après l'autre tous les chasseurs envoyés à sa poursuite, et que nul n'a pu voir encore... Remarquez sa construction bizarre. Il a une tête de tigre, un corps de baleine et une queue de scorpion. Ceci est son portrait vivant. Entrez! entrez! suivez la foule!

THOMAS, au saltimbanque.

Pardon, Monsieur, vous dites qu'on n'a jamais vu c't'animal?...

LE DOCTEUR.

Jamais, Monsieur... sa vue seule, comme celle du basilic, suffirait pour donner la mort.

THOMAS.

Alors, comment donc qu'on a fait pour tirer son portrait?

LE DOCTEUR, à part..

Cet imbécile n'est pas si bête qu'il en a l'air!...

THOMAS.

Répondez.

LES PAYSANS.

Oui, oui, répondez!

LE DOCTEUR.

On l'a peint pendant son sommeil, un jour qu'il faisait nuit.

THOMAS.

Alors on l'a vu?

LE DOCTEUR.

Non, puisqu'il faisait nuit.

THOMAS, convaincu.

C'est juste! (Rires des paysans. Reprise de la musique. Des paysans entrent dans la baraque)

CHRISTOPHE, chantant et s'accompagnant de la guitare; habits déguenillés et cependant affectant l'élégance.

> Frais ruisseau qui murmure,
> Feuillage, verts rameaux,
> Fauvette à la voix pure
> Et vous petits oiseaux,
>   Taisez-vous!
> A mon âme charmée,
> Tes chants, ma bien-aimée,
>   Sont plus doux!

LE DOCTEUR, à part.

Je connais cet organe enroué...

TAUPIER.

C'est celui de Christophe; il a la manie de faire des vers et de les chanter aux vieilles femmes... il appelle ça ses délassements poétiques.

LE DOCTEUR.

Ah! te voilà, Taupier... Rien de nouveau?

TAUPIER.

Rien... les badauds commencent à arriver... (Désignant l'auberge.) Le lieutenant est là.

CLIQUOT, sortant de l'auberge avec Roquairol, déguisé en maquignon.

Eh! dites donc, vous... vous m'avez donné une pièce fausse.

ROQUAIROL, accent normand.

Moi!

CLIQUOT.

Oui, vous; tenez la v'là, elle sonne comme un bouton de guêtre... écoutez...

ROQUAIROL.

Vous vous trompez.

CLIQUOT.

Comment! elle n'est pas fausse?...

ROQUAIROL.

Si! mais ce n'est pas moi qui vous l'ai donnée.

CLIQUOT.

Je n'ai pas reçu d'autre argent que celui-là... c'est vous qui m'étrennez aujourd'hui...

ROQUAIROL.

Alors, pardon et excuse, l'ami, j'ai été trompé moi-même; allez, marchez! en voici une autre.

CLIQUOT.

Merci... vous êtes un brave homme.

ROQUAIROL.

Je m'en flatte.

CLIQUOT.

Ah! c'est que voyez-vous, il y a tant de coquins dans notre bonne province du Dauphiné! Vous habitez ce pays?

ROQUAIROL.

Non... Je sommes de Lisieux, en Normandie.

CLIQUOT.

N'est-ce pas une honte que la maréchaussée de la province, que le gouverneur du Dauphiné, que Sa Majesté Louis XV, que Dieu garde!... ne puissent nous délivrer de ce brigand qui infeste nos marchés de sa fausse monnaie.

ROQUAIROL.

De qui parlez-vous?

CLIQUOT.

Eh! de qui donc, si ce n'est de ce coquin de Mandrin et de sa bande maudite?

ROQUAIROL.

Ah! ah!

CLIQUOT.

Tous les jours il se commet quelque vol dans notre village; moi qui vous parle, Monsieur, on m'a volé hier, dans ma propre poche, un écu de six livres.

THOMAS, tâtant sa poche.

Ils y sont encore!... Tiens c'est une idée. (Il enveloppe deux écus dans du papier et les glisse dans son soulier.)

ROQUAIROL.

Ne m'en parlez pas, Monsieur, il n'y a plus de sûreté pour les honnêtes gens. (Il s'éloigne et se mêle à la foule.)

TAUPIER, s'approchant de Cliquot.

La charité, s'il vous plaît, au pauvre aveugle!

CLIQUOT.

Va-t-en au diable! (Se ravisant.) Tiens, au fait, je puis être généreux sans qu'il m'en coûte rien... (Lui donnant la fausse pièce.) Voilà une pièce de quinze sous.

TAUPIER.

Merci... je la connais... filou!...

CLIQUOT.

Hein? il m'insulte!

TAUPIER.

Abuser un pauvre aveugle!... fi!

CLIQUOT.

Aveugle! et il a reconnu que la pièce était fausse!...

TAUPIER.

Si j'allais vous dénoncer, moi, pour émission de fausse monnaie?...

CLIQUOT, effrayé.

Plus bas! plus bas! Diable! on ne plaisante pas avec ça!... tiens, voici une vraie pièce, tais-toi!...

TAUPIER.

Je vous rendrai la monnaie... en bénédictions... (Il remonte au fond.)

CLIQUOT.

Aye! aye! la journée commence mal... (Montrant Roquairol et Taupier.) Ce ne sont pas des pratiques comme celles-là qui me rendront millionnaire.

CHRISTOPHE, criant.

La complainte du Juif-Errant, les aventures d'Héloïse et du chaste Abeilard... un sou!...

THOMAS, à Cliquot.

Monsieur l'aubergiste!... monsieur l'aubergiste!...

CLIQUOT.

Qu'y a-t-il?

THOMAS.

Je suis chargé par mon maître de retenir la plus belle chambre de votre auberge pour lui et sa société.

CLIQUOT.

Comment s'appelle-t-il, ton maître?

THOMAS.

Monsieur Beauvoisin.

CLIQUOT.

De la Côte-Saint-André?

THOMAS.

De la Côte-Saint-André, oui.

CLIQUOT.

Je le connais, riche propriétaire!... Tous les ans il vient avec sa famille passer quelques heures à la fête de notre village; bonne maison, mon garçon, bonne maison!

THOMAS.

Voici des arrhes que mon maître m'a données pour vous... (Fouillant dans sa poche.) Eh bien, qu'est devenu mon argent?... Ah! mon Dieu! je suis volé!... que faire?... que devenir?...

CLIQUOT.

Ta douleur me touche, mon garçon... combien ton maître t'avait-il donné?...

THOMAS.

Deux écus de six livres, monsieur l'aubergiste!

CLIQUOT.

Tu diras que je les ai reçus, mon garçon. J'en fais mon affaire.

THOMAS.

Ah! monsieur l'aubergiste... vous me sauvez la vie!... mais vous, vous perdrez cette somme.

CLIQUOT.

Il faut bien faire quelques sacrifices pour s'attacher les bonnes pratiques! (Les paysans commencent à sortir de la baraque. — A part.) D'ailleurs, je porterai ça sur la carte... avec ma pièce de quinze sous.

THOMAS, à part, regardant son soulier.

Quand je serai seul, j'ouvrirai ma caisse et je prendrai mes deux écus. On aurait pu me les voler... c'est toujours ça de sauvé!...

CLIQUOT.

Viens, mon garçon, nous allons tout préparer pour recevoir ton maître et sa société; je veux, en outre, leur réserver cette tonnelle pour qu'ils puissent jouir du coup d'œil de la fête... Sont-ils nombreux?

THOMAS.

Six personnes en tout : d'abord, monsieur et madame Beauvoisin, mademoiselle Isaure, leur fille, monsieur Lambert, son oncle, monsieur le marquis de Boissec et son jeune ami le comte Leoni.

CLIQUOT.

Le marquis de Boissec!... le comte Leoni! Peste!... des per-

sonnes de qualité!... je soignerai la carte. Viens boire un coup
à la cuisine, mon garçon, en attendant l'arrivée de tes maîtres.

THOMAS, à part.

Brave homme! ce n'est pas lui qui volerait un écu dans la
poche de son prochain! (Ils rentrent. — Sortie générale de la baraque
sur la reprise de la musique. Les paysans s'éloignent peu à peu.)

SCÈNE II.

OQUAIROL, LE DOCTEUR, PIÉTRO, CHRISTOPHE, TAUPIER, bandits déguisés.

ROQUAIROL, poussant un cri particulier.

Hou! hou!

LE DOCTEUR, répondant à ce signal.

Hou! hou! (Il se rapproche de Roquairol. Taupier, Piétro et plusieurs
marchands répondent à ce cri et imitent les mouvements du docteur.)

ROQUAIROL.

Enfin, ce bavard d'aubergiste et cet imbécile de valet sont
rentrés dans leur chenil.

CHRISTOPHE.

Chenil est une expression basse et triviale qui ne peut figurer
convenablement dans un hémistiche.

ROQUAIROL.

Au diable le pédant!

CHRISTOPHE.

Pédant! moi! un courtisan des muses!

ROQUAIROL.

Paix!... Dis donc, toi, docteur, as-tu préparé tes filets?

LE DOCTEUR.

Je les ai jetés déjà, lieutenant. (Faisant sonner des écus.) Quelques
goujons ont été pris, le reste est appâté.

ROQUAIROL.

Bien! A toi, Piétro, les jeunes gars! à toi, Taupier, les ivro-
gnes; à toi, Christophe, les vieilles femmes... c'est ta spécialité.

CHRISTOPHE.

Je l'avoue : les ruines sont plus poétiques que les maisons
neuves.

ROQUAIROL.

Videz les poches, coupez les bourses; je vous accorde une
demi-heure pour faire la moisson. Dans une demi-heure mon
coup de sifflet vous préviendra qu'il est temps de déguerpir; le
rendez-vous est au château du Diable.

CHRISTOPHE.

O pénates! O dieux lares!... vous allez donc revoir vos fils!

PIÉTRO.

Le chef est donc de retour?

ROQUAIROL.

Non. Je l'attends ainsi que le marquis.

LE DOCTEUR.

Le marquis!... marquis d'occasion!...

ROQUAIROL.

D'occasion... c'est le mot... c'est par occasion qu'il a trouvé
des titres dans la poche d'un gentilhomme que nous avons expé-
dié il y a quelques dix ans, en Italie.

TAUPIER.

Le chef s'absente bien souvent depuis quelque temps.

ROQUAIROL.

Ne faut-il pas qu'il étudie le terrain, qu'il prépare ses expé-
ditions, qu'il vérifie lui-même les renseignements donnés par le
marquis? qu'il s'occupe de nos intérêts, enfin?

LE DOCTEUR.

Je crois plutôt qu'il s'occupe de ses amours.

PIÉTRO, sourdement.

Ah!

CHRISTOPHE, déclamant.

Amour, amour, tu perdis Troie!...

ROQUAIROL.

Bah! sa passion pour la Margarita commence à baisser.

LE DOCTEUR.

Aussi n'est-ce pas de Margarita que je veux parler.

PIÉTRO, vivement.

De qui donc?

LE DOCTEUR.

Vous savez, chers collègues, que j'ai quelque peu étudié la
médecine et que je suis assez bon physionomiste.

ROQUAIROL.

Oui, c'est pour ça qu'on t'appelle le docteur.

LE DOCTEUR.

Eh bien, j'ai remarqué que depuis quelque temps notre illustre
chef est inquiet, préoccupé; ses absences sont plus fréquentes,
plus longues; par intérêt pour sa personne, je l'ai suivi plusieurs
fois et j'ai de bonnes raisons pour croire qu'il est amoureux.

PIÉTRO.

Amoureux!

LE DOCTEUR.

Oui, et d'une autre femme que Margarita.

SCÈNE III.

LES MÊMES, MARGARITA. Elle porte le costume des paysannes italiennes,
physionomie étrange et sauvage; elle s'approche sans être aperçue et frappe
sur l'épaule du docteur.)

MARGARITA.

En es-tu bien sûr, docteur?

TOUS.

Margarita!

MARGARITA.

J'ai donné au chef mon âme et ma vie. J'ai foi dans son
amour comme j'ai foi dans la Madone, et tant que je n'aurai
pas vu de mes yeux, entendu de mes oreilles la preuve de sa
trahison, je tiendrai pour viles et lâches les calomnies de ses
espions.

PIÉTRO, à part.

Oh! comme elle l'aime!

LE DOCTEUR.

Espion, moi!...

ROQUAIROL.

La paix!... vous aurez le temps de vous disputer plus tard, si
bon vous semble; ici, de semblables propos peuvent être dangereux... Tenez, on nous observe déjà, on commence à chuchot-
ter, séparons-nous et n'oubliez pas mon signal.

CHRISTOPHE, chantant.

Que ce signal se fasse entendre
Aussitôt vous nous verrez tous,
Sans un instant nous faire attendre,
Voler... voler auprès de vous!

PIÉTRO, bas, au docteur.

Docteur, peux-tu me donner la preuve de ce que tu as avancé
tout à l'heure?

LE DOCTEUR.

Oui.

PIETRO.

Quand?

LE DOCTEUR, regardant au dehors et faisant un mouvement de surprise.

A l'instant!

PIÉTRO.

Où cela?

LE DOCTEUR.

Ici.

MARGARITA, s'éloignant pensive.

Si cet homme avait dit vrai pourtant!

LE DOCTEUR, à Pietro.

Viens, de cet endroit tu pourras tout entendre. (Ils sortent d'un
côté, pendant que Beauvoisin et sa société entrent de l'autre.)

SCÈNE IV.

M. BEAUVOISIN, MADAME BEAUVOISIN, ISAURE, LAMBERT, puis THOMAS.

BEAUVOISIN.

Venez, Mesdames; venez, mon cher beau-frère, nous sommes
arrivés, voici l'auberge de maître Cliquot, où cet imbécile de
Thomas doit nous attendre... (Appelant.) Thomas! Thomas!

THOMAS, paraissant à la fenêtre.

Monsieur!

BEAUVOISIN.

As-tu retenu cette chambre?

THOMAS.

Oh! oui, Monsieur, et même cette tonnelle, qui vous appar-
tient et sous laquelle vous pouvez vous asseoir.

LAMBERT.

Ma foi, ce n'est pas de refus; il y a une lieue au moins de la
côte Saint-André à ce petit village de Saint-Hilaire; ma nièce
doit être fatiguée.

ISAURE.

Moi, mon oncle? je suis prête à recommencer, si bon vous
semble.

LAMBERT.

Jambes de seize ans!... Ah! je me rouille, mon enfant...
(Appelant.) Des chaises?...

BEAUVOISIN, à Thomas.

Eh bien! que fais-tu là, sabre de bois! n'entends-tu pas?

THOMAS.

Si, Monsieur... j'entends bien que Monsieur demande des
chaises.

BEAUVOISIN.

Eh bien! pourquoi ne descends-tu pas?

THOMAS.

Impossible Monsieur.

BEAUVOISIN.

Comment, impossible?

THOMAS.

Sans doute; que m'a dit Monsieur en m'envoyant ici?

BEAUVIOSIN.

De me faire garder une chambre à l'auberge du *Dauphin-Couronné*, après?

THOMAS.

Eh bien! Monsieur, je la garde.

BEAUVOISIN.

Comment, tu la gardes?

THOMAS.

Oui, Monsieur; il paraît qu'il y a beaucoup de voleurs dans le pays, et pour être sûr qu'on ne vous la volera pas, je la garde moi-même.

BEAUVOISIN.

Imbécile! veux-tu descendre tout de suite?

THOMAS.

C'est bon, Monsieur, c'est bon, ne vous fâchez pas! (Il disparaît.)

LAMBERT.

Ce garçon n'a pas inventé la poudre.

BEAUVOISIN.

Il est bête comme un Auvergnat... mais il nous est dévoué... (A Thomas qui entre suivi de Cliquot.) Des chaises pour tout le monde!... Ah! vous voilà, monsieur Cliquot, nous dînerons ici, en plein air; veuillez nous faire servir aussitôt que les deux personnes que nous attendons seront arrivées.

CLIQUOT.

M. le marquis de Boissec et son jeune ami le comte Léoni?...

BEAUVOISIN.

Ah! ah! vous connaissez ces Messieurs, monsieur Cliquot?

CLIQUOT.

Qui ne connaît M. le marquis de Boissec? c'est le dernier représentant d'une des plus vieilles familles du Dauphiné.

BEAUVOISIN, à Lambert.

Vous entendez, beau-frère?

CLIQUOT.

Quant à M. le comte Léoni il est l'ami de M. le marquis, c'est tout dire.

BEAUVOISIN, bas, à Lambert.

Vous entendez, beau-frère, vous entendez!... (Haut.) C'est bien, monsieur Cliquot, laissez-nous maintenant... (A Thomas qui s'est assis.) Eh bien! que fais-tu là?

THOMAS.

Je garde votre chaise, Monsieur.

BEAUVOISIN, lui donnant un coup de pied.

Garde ceci avec pour t'apprendre le respect! ... sabre de bois!... s'asseoir devant ses maîtres!...

THOMAS.

Ce n'était pas devant, Monsieur, c'était derrière!... (A part, en sortant.) Ça vaut bien deux écus, ma conscience est tranquille.

LAMBERT.

Ah çà! voyons, maintenant que nous voilà seuls, parlons un peu de vos projets, de vos plans pour le bonheur de cette chère enfant.... Depuis hier au soir que je suis arrivé de Lyon, nous avons à peine eu le temps de causer... vous m'avez écrit que le moment était venu de songer sérieusement à la marier... ne rougis pas, ma fille, bonne et jolie comme tu l'es, tu feras certes le bonheur d'un honnête homme... Mais il faut aussi que tu sois heureuse, toi, et pour cela, il faut bien choisir... D'abord, aimes-tu bien quelqu'un?

MADAME BEAUVOISIN.

Ah! mon frère... une semblable question...

LAMBERT..

Parbleu! ma sœur, une semblable question est la première que l'on doit adresser à une jeune fille qui veut se marier, croyez-vous donc que j'ai quitté Lyon et mes importants travaux d'entreposeur de la ferme pour venir causer chiffons et dentelles?.. Vous m'avez fait l'honneur de me consulter sur le choix du mari, il est tout simple que j'interroge d'abord le cœur de votre fille, nous étudierons ensuite le caractère du futur.

BEAUVOISIN.

Ma fille aimera l'homme que son père aura choisi.

LAMBERT.

Joli système!... Vous choisirez pour vous, mais votre fille aimera pour elle.

ISAURE.

Mon oncle, je sais trop le respect que je dois à mes parents pour avoir une autre volonté que la leur.

LAMBERT.

Le respect, le respect...

BEAUVOISIN, se levant

Bien dit, ma fille! (Regardant le tableau du saltimbanque.) Sabre de bois! le beau tableau!

CHRISTOPHE, s'approchant.

École italienne, Monsieur... Salvator *Roso!*... (Il cherche à lui voler sa montre.)

LAMBERT, à Isaure.

Allons soit, tu n'aimes encore personne, c'est entendu.. Maintenant, voyons parmi les prétendants, quel est le plus digne de toi. Si j'ai bien compris le sens de votre lettre, deux jeunes gens se présentent; l'un s'appelle M. de Simiane, il est capitaine de dragons, de bonne famille, d'un caractère...

MADAME BEAUVOISIN, vivement.

Charmant!

LAMBERT.

Ah!... c'est votre préféré, celui-là?

MADAME BEAUVOISIN.

Oui, mais...

LAMBERT.

Mais?...

MADAME BEAUVOISIN.

Il n'a que sa solde.

ISAURE, à part.

Hélas!

LAMBERT, à part.

Un soupir... ah! ah! (Haut.) Qu'importe!... s'il est honnête, brave, instruit, il fera son chemin... (A Isaure.) n'est-ce pas?

ISAURE.

Certainement, mon oncle.

BEAUVOISIN.

Peut-être; mais ne vaut-il pas mieux, beau-frère, choisir quelqu'un qui soit arrivé au but?

LAMBERT.

Ah! ah! votre Italien, n'est-ce pas? votre comte Leoni? Eh bien! parlons de lui, aussi bien je ne serais pas fâché avant de me trouver en sa présence... car il vient nous rejoindre ici, m'avez vous dit?

BEAUVOISIN.

Oui, avec M. le marquis de Boissec; ils devraient même être arrivés.

LAMBERT.

Je ne serais pas fâché, dis-je, d'éclaircir certains doutes qui me sont venus à l'esprit

BEAUVOISIN.

Des doutes! et sur quoi?

LAMBERT.

Sur sa famille, sur sa position, sur sa fortune.

BEAUVOISIN.

Sa famille est une des plus nobles de l'Italie, son père habite Sorente; sa fortune est immense!

LAMBERT.

Qui vous l'a dit?

BEAUVOISIN.

Lui-même.

LAMBERT.

Qui vous l'a présenté?

BEAUVOISIN.

Le marquis de Boissec.

LAMBERT.

Et qui vous a présenté le marquis de Boissec?

BEAUVOISIN.

Le comte Leoni.

LAMBERT.

Belle caution!... (Lambert, apercevant plusieurs hommes qui semblent l'écouter, s'arrête et les regarde fixement.)

BEAUVOISIN, à Christophe qui le salue profondément

Que voulez-vous? (Christophe, sans lui répondre, lui présente des chansons.) Des chansons... (Fouillant à sa poche.) Combien?..

CHRISTOPHE.

Ah! monsieur, je ne les vends pas... je les donne.

BEAUVOISIN, à Lambert.

Ce n'est pas cher!... (Christophe, pendant ce temps, lui vole sa montre et son mouchoir; il les met prestement dans sa poche, mais Roquairol, qui s'est approché, les lui escamote aussitôt et s'éloigne vivement. Christophe court après lui.)

BEAUVOISIN.

Mais enfin, mon frère!... le comte Leoni!...

LAMBERT.

Leoni! Leoni! qui vous prouve que ce soit là son nom? Ces nobles italiens poussent comme des champignons. Celui-là vous a séduit par quelque chose d'étrange.

BEAUVOISIN.

C'est vrai!

ISAURE.

Moi, il y a des moments où ses regards me font peur !

LAMBERT.

Il ne s'habille pas comme tout le monde... il porte la moustache et parle guerre et batailles comme s'il avait commandé des armées... voilà du moins ce que vous m'avez écrit... Sont-ce là des titres bien sérieux, je vous le demande, pour obtenir la main d'une jeune fille, et ne devriez-vous pas interroger le passé de ce jeune homme?

ISAURE, à sa mère.

Comme il parle bien, mon oncle!

LAMBERT.

Je me résume et je vous dis : prenez garde d'avoir affaire à des intrigants.

MADAME BEAUVOISIN.

Vous avez raison, mon frère.

BEAUVOISIN.

Ta! ta! ta!... Je sais ce que je fais... (A Thomas.) Voyons, et ce couvert ?

(On entend le bruit d'un carrosse.)

SCÈNE V.

LES MÊMES, DE BOISSEC.

DE BOISSEC, de la coulisse.

Allons, maraud, ouvre la portière, étends le tapis, drôle!... Veux-tu donc que je macule de boue mes escarpins?

LAMBERT.

Quel est ce bruit?

BEAUVOISIN.

C'est le marquis... il descend de carrosse... Voyez, mon frère, le brillant équipage!... Décidément c'est un homme très-honorable!...

LAMBERT, entre ses dents.

Ou un coquin fieffé!

DE BOISSEC, au fond

Germain, rentre le carrosse... La Ramée, dételle les chevaux... Frontin, apporte les fleurs pour ces dames. (Aux paysans et aux bandits.) Bonjour, manants, bonjour ! (Apercevant Beauvoisin.) Ah! c'est vous, cher ami, désolé de vous avoir fait attendre ; mais les chemins sont impraticables... impraticables, c'est le mot. (Prenant les fleurs des mains du domestique et s'avançant vers les dames.) Belles dames, voulez-vous me permettre de vous offrir de la part de mon jeune ami, le comte Leoni, ces roses moins fraîches que l'incarnat de vos joues?

BEAUVOISIN.

Quelle galanterie!

DE BOISSEC, regardant Lambert qui l'observe.

Quel est ce Monsieur?

BEAUVOISIN, avec empressement.

Mon beau-frère, M. Lambert, entreposeur des fermes à Lyon, que j'ai l'honneur de vous présenter.

DE BOISSEC, à part.

Un employé de la ferme! oh! oh!

CHRISTOPHE, qui a volé des fleurs et un couvert d'argent.

Les fleurs! ah! j'adore le parfum des fleurs!

DE BOISSEC, haut.

Monsieur est venu pour assister au mariage de sa charmante nièce?

LAMBERT.

Doucement, Monsieur, doucement, ce mariage n'est pas décidé encore... Mon beau-frère ne voudra pas, par une précipitation coupable, faire peut-être le malheur de son enfant.

BEAUVOISIN, bas.

Prenez garde, mon frère, vous aller blesser le marquis.

DE BOISSEC.

Le malheur, Monsieur, le mot est dur... Quand un homme comme M. le comte Leoni.......

LAMBERT.

Encore faut-il avoir le temps de se bien connaître.

DE BOISSEC.

Mais il me semble qu'on nous connaît ici!...

LAMBERT, à mi-voix.

Trop peut-être !

BEAUVOISIN.

Mon frère !

DE BOISSEC.

Qu'est-ce à dire? Une insulte, à moi le marquis de Boissec! Par mon épée! si ce n'était l'amitié que je porte à votre famille...

LAMBERT, froidement.

Que feriez-vous, Monsieur?... vous me tueriez? En effet, ce serait un moyen de faire connaissance, mais ce n'est pas là ce qui nous rendrait meilleurs amis.

MADAME BEAUVOISIN.

Mon frère!

ISAURE, bas à Lambert.

Allez toujours, mon oncle.

BEAUVOISIN.

Lambert, vous avez tort... vous croyez aveuglément aux méchants propos... J'aime, j'estime M. le marquis, et vous me désobligez fort en parlant de la sorte.

DE BOISSEC, à part.

Ouais!... cet homme est dangereux... Il faut à tout prix nous débarrasser de lui. (Cherchant des yeux et apercevant Taupier.) Ah ! voici mon affaire ! (Il lui fait signe; Taupier s'approche en tendant son chapeau.— De Boissec lui jetant une pièce de monnaie; bas et rapidement.) Cet homme nous gêne. (Il désigne Lembert.) Une querelle... un coup de couteau... Va!...

TAUPIER.

Merci bien, mon bon seigneur!

DE BOISSEC, à Lambert.

Je vois, Monsieur, que l'on m'a noirci dans votre esprit; ce n'est pas la première fois que je suis en butte à la calomnie... Mais cette fois, comme toujours, j'en triompherai... Si vous êtes un de ces hommes qui jugent sans passion, vous reconnaîtrez que l'on vous a indignement trompé, et vous regretterez j'en suis sûr, les paroles un peu vives qui vous ont échappé.

BEAUVOISIN.

Tant de modération! tant de noblesse! ah! mon frère! mon frère !

LAMBERT.

J'ai peut-être été un peu loin, c'est vrai...

ISAURE.

Mais non, mon oncle!...

LAMBERT.

Que voulez-vous? je ne sais pas cacher mes impressions, et je vous avoue que j'arrive terriblement prévenu contre vous, monsieur le marquis, et contre votre protégé.

DE BOISSEC.

Convenez que c'est au moins de l'injustice, car le comte Leoni vous est inconnu.

LAMBERT.

Inconnu, c'est le mot. C'est la première fois que j'entends prononcer ce mot, et pourtant j'ai habité l'Italie.

DE BOISSEC, à part.

Diable !

LAMBERT.

Mais j'écrirai... je m'informerai...

ISAURE.

C'est cela, mon oncle, informez-vous... prudemment... longuement...

LAMBERT.

Mais puisque votre convive ne vient pas, je propose de ne pas faire attendre plus longtemps ces dames. A table! allons! à table! (On s'assied.)

TAUPIER, jouant l'ivresse et heurtant rudement Lambert.

Prenez donc garde, brutal !

LAMBERT, se reculant.

Que veut cet ivrogne?

TAUPIER.

Ivrogne!... Je crois qu'il m'a appelé ivrogne... C'est une insulte, ça!...

LAMBERT, le repoussant.

Allons, hors d'ici!

TAUPIER.

Il m'a frappé!... (Il fait un signe; Roquairol, Christophe et plusieurs figures sinistres paraissent tout à coup.

BEAUVOISIN.

Quels sont ces hommes?

LAMBERT.

C'est un guet-apens!...

DE BOISSEC, sans bouger de place.

Je vole à votre secours.

ISAURE, poussant un cri.

Mon oncle!...

TAUPIER, tirant son couteau.

Tiens! voilà comment je me venge, moi!... (Il lève son couteau.)

SCÈNE VI.

LES MÊMES, LEONI.

LEONI, arrêtant le mendiant et le renversant à ses pieds.

Arrière, bandit !... (Tous les hommes suspects font un mouvement et se reculent d'un pas.)

BEAUVOISIN.

C'est lui !

LEONI.

Retirez-vous... je vous fais grâce de la vie... mais ne recommencez plus.

TAUPIER, balbutiant.

Certainement... si j'avais su... Monseigneur...

LEONI, avec un geste impérieux.

Allez !

DE BOISSEC, à part.

Le niais !... avec ses manières chevaleresques, il gâte les meilleurs plans. (Sortie des paysans.)

LAMBERT, à Leoni.

Permettez-moi de vous remercier... Monsieur.

LEONI.

Monsieur, vous êtes l'oncle de mademoiselle Isaure ?

LAMBERT.

Oui, Monsieur.

LEONI.

Un cri de Mademoiselle vient de me l'apprendre... votre main, Monsieur... (Lui prenant la main.) Nous sommes quittes... mais vous avez un moyen de me rendre éternellement votre obligé.

LAMBERT.

Quel est-il, Monsieur ?

LEONI.

C'est d'employer l'influence que vous avez sur votre charmante nièce à la persuader de la sincérité de mon amour. (Il va saluer les dames. — On s'assied autour de la table.)

BEAUVOISIN, bas, à Lambert.

Qu'en dites-vous ?

LAMBERT.

Heu ! heu !

BEAUVOISIN.

Êtes-vous revenu de vos préventions contre lui... et contre ce digne marquis ?

LAMBERT.

Contre lui, c'est possible... contre le marquis, c'est autre chose... J'ai remarqué tout à l'heure certains signes...

BEAUVOISIN.

Vous êtes fou, mon frère. (Ils vont s'asseoir aussi. — A ce moment, Thomas sort de l'auberge apportant un plat qu'il dépose sur la table.)

CHRISTOPHE.

La superbe volatile...

ROQUAIROL.

Quel parfum !

LEONI, à Lambert.

Puis-je vous demander maintenant, Monsieur, quel était le motif de cette agression ?

LAMBERT.

Le sais-je moi-même... un ivrogne me heurte, je le repousse... il fait un signal, une bande d'hommes inconnus nous enveloppe... je vois un couteau levé sur ma poitrine... et...

BOISSEC.

Et vous êtes arrivé, mon cher comte, comme le *Deus ex machina*, pour changer le dénoûment tragique en dénoûment heureux. J'allais m'élancer... il était trop tard ; vous m'aviez volé une belle action... comme vous m'avez déjà volé le cœur de mademoiselle !... Ce diable de Leoni, il faut toujours qu'il vole quelque chose !...

BEAUVOISIN.

Savez-vous qu'un moment j'ai eu peur... en vous voyant entouré de ces figures sinistres... je me suis cru au milieu de la bande de Mandrin.

ISAURE, poussant un cri.

Que dites-vous ?

DE BOISSEC.

Vertu-choux ! la bonne plaisanterie... Ah ! ah ! ah !

LEONI, à Isaure.

Au cri que vous avez poussé, Mademoiselle, en entendant ce nom de... Mandrin, je vois que cet homme vous inspire une vive frayeur.

ISAURE.

De la frayeur !... dites du mépris, monsieur le comte, de l'horreur.

LEONI.

Que vous a-t-il fait ?...

ISAURE.

A moi, rien... Mais les crimes odieux qu'il commet chaque jour, le vol, le pillage, l'assassinat !...

LEONI.

Moi, je crois que l'on a exagéré les torts de ce malheureux... loin de moi la pensée de chercher à l'excuser dans votre esprit... mais enfin, je me suis laissé dire que Mandrin... puisque Mandrin est son nom, n'était pas méchant par caractère, qu'il avait souvent donné des preuves d'humanité, de courage, de bonté même... qu'il était susceptible d'aimer avec passion, et que l'a-

mour peut-être pourrait un jour transformer sa vie et le ramener au bien.

BEAUVOISIN.

Monsieur le comte dit cela avec une émotion, avec une chaleur telle... que j'en suis tout... altéré... Thomas ! du vin !... beaucoup de vin.

THOMAS.

Voilà ! Monsieur, voilà ! (Apportant six bouteilles.) C'est lourd ! c'est lourd !... (A mesure qu'il marche, chaque bandit lui vole une bouteille.) On s'y fait... cependant... on s'y fait ! (S'apercevant qu'il ne reste qu'une bouteille dans le panier.) Oh ! c'est étonnant !

BEAUVOISIN.

Qu'y a-t-il ?

THOMAS.

Les bouteilles ont fui, Monsieur.

BEAUVOISIN.

Imbécile !...

DE BOISSEC.

Moi, je vais bien vous étonner, mais je ne crois pas à Mandrin... Mandrin est un mythe, une fiction, un rêve... c'est le croquemitaine du brigandage, il n'a jamais existé que dans l'imagination des vieilles femmes, des enfants et des poltrons, personne ne l'a vu.

LAMBERT.

Vous vous trompez, Monsieur ; je l'ai vu, moi !

LEONI ET DE BOISSEC, faisant un mouvement de surprise.

Vous !

LAMBERT.

C'était la nuit dernière, le coche qui m'avait amené de Lyon s'était arrêté à Beaurepaire pour relayer et laisser reposer les voyageurs. J'avais une heure environ à attendre, je voulus en profiter pour rendre visite à un vieil ami... il n'était que dix heures du soir ; j'espérais le trouver encore debout ; sa maison était située à l'extrémité de la ville... en m'approchant de cette habitation mon oreille fut frappée de cris confus, de détonations, de clameurs sauvages, je m'élançai en avant, suivi de plusieurs habitants de la ville réveillés en sursaut... Quand nous arrivâmes, j'aperçus aux lueurs de l'incendie des hommes qui fuyaient, et, parmi ces hommes, un personnage qui paraissait être leur chef ; il était armé jusqu'aux dents, portait un large chapeau orné d'une plume, et la vive clarté des flammes jetait sur son visage, encadré de longs cheveux noirs, de sinistres éclairs... ce visage me frappa... Tenez ! c'est étrange, mais ce visage avait quelques traits de ressemblance avec le vôtre, monsieur le comte.

LEONI, riant.

Avec le mien !

DE BOISSEC.

Vertu-choux ! la comparaison est originale !

LEONI.

Mais, qui vous a dit que cet homme fut Mandrin ?

LAMBERT.

Qui ? mon pauvre ami Benoist que je trouvai percé de vingt coups de poignard, et qui me donna le signalement et me dit le nom du misérable qui l'avait assassiné.

BEAUVOISIN.

Mais quel était le motif, le mobile de cet assassinat ?

LAMBERT.

Le sais-je ? la cupidité, un besoin féroce de répandre le sang.

DE BOISSEC.

Benoist ? Benoist ? c'était un entreposeur de la ferme, ce me semble ?

LAMBERT.

Oui !...

DE BOISSEC.

Palsembleu ! voilà le motif tout trouvé !... On prétend que Mandrin a voué une haine implacable aux employés de la ferme.

LEONI, avec une sombre énergie.

Oui.

LAMBERT.

Pourquoi ?...

LEONI.

Parce que... dit-on... son père, pauvre contrebandier, est tombé sous les balles de ces misérables.

LAMBERT, se levant, vivement.

Arrêtez ! Monsieur, vous ignorez devant qui vous parlez.... J'appartiens à l'administration de la ferme.

LEONI, vivement surpris.

Vous ?

LAMBERT.

Je suis entreposeur à Lyon, et mon devoir est de ne pas laisser parler ainsi de bons et fidèles serviteurs de Sa Majesté.

LEONI.

Ah !

DE BOISSEC, *bas à Leoni.*

Comprends-tu maintenant pourquoi Taupier voulait jouer du couteau?

LÉONI, *bas.*

Partie remise. (Haut.) Vous avez mal interprété le sens de mes paroles, Monsieur... je répétais les propos des bandits... mais je suis loin de partager leurs préventions... La ferme, Monsieur, la ferme! ou en serions-nous sans cette admirable institution!

BEAUVOISIN.

A la bonne heure! vous voyez que vous vous entendez à merveille. (On entend un signal au dehors.)

DE BOISSEC, *bas.*

Le signal d'alerte! que se passe-t-il?

LÉONI, *bas.*

Il faut voir... (Haut.) Marquis, avez-vous donné des ordres pour le départ? ces dames ont témoigné le désir de faire une promenade dans la forêt.

DE BOISSEC.

Vous m'y faites penser; mon carrosse est à leur disposition, je vais faire atteler.

LÉONI.

Et moi, je vais faire seller mon cheval, je vous servirai d'escorte; par le temps qui court ce n'est point une précaution inutile... Cinq minutes, Mesdames, et tout sera prêt. (Ils sortent.)

SCÈNE VII.

BEAUVOISIN, MADAME BEAUVOISIN, LAMBERT, ISAURE, THOMAS.

BEAUVOISIN.

Eh bien, beau-frère, convenez que le comte Leoni est un jeune homme charmant, et que le marquis est véritablement un grand seigneur. On ne saurait faire un meilleur choix.

LAMBERT.

Il me semble que M. de Simiane, lui aussi, porte un beau nom... donnez-vous le temps...

MADAME BEAUVOISIN.

Mon frère a raison, rien ne presse. Isaure n'a que dix-sept ans. M. de Simiane, d'après la lettre qu'il nous a écrite, doit arriver aujourd'hui ou demain dans le pays, où il est envoyé en mission; les termes de sa lettre faisaient pressentir un changement dans sa position, dans sa fortune, peut-être; attendons quelques jours, le cœur de notre chère enfant décidera la question.

BEAUVOISIN.

Son cœur... son cœur!... oui, si son cœur est d'accord avec ma volonté... (Bruit dans la coulisse.) Qu'y a-t-il? Je ne me trompe pas... c'est bien lui!... Parbleu, mon frère, vous pourrez tout à l'heure faire votre choix entre les deux prétendants à la main d'Isaure; car, soit hasard, soit préméditation, voici M. de Simiane qui arrive à point nommé pour établir la comparaison...

MADAME BEAUVOISIN.

M. de Simiane!

ISAURE, *à part.*

Lui!

LAMBERT, *à part.*

Elle s'est troublée!... elle l'aime!

SCÈNE VIII.

LES MÊMES, DE SIMIANE, un dragon le suit.

BEAUVOISIN.

Hé! c'est M. de Simiane!

DE SIMIANE.

Monsieur Beauvoisin!... madame Beauvoisin!... mademoiselle Isaure!... quelle charmante et heureuse rencontre... (Saluant Lambert.) Monsieur!

BEAUVOISIN.

M. Lambert, de Lyon, mon beau-frère.

DE SIMIANE, *allant à Lambert.*

Ah! Monsieur, j'ai si souvent entendu mademoiselle Isaure faire l'éloge de votre cœur, que je suis fier de serrer la main loyale de l'homme que je regarde comme son second père.

LAMBERT, *flatté.*

Monsieur!... (Bas à madame Beauvoisin.) Il est charmant.

MADAME BEAUVOISIN.

N'est-ce pas?... quel malheur qu'il soit sans fortune!

BEAUVOISIN, *à de Simiane.*

A quel heureux hasard devons-nous votre présence dans ce village?

DE SIMIANE.

Ce n'est point un hasard; j'ai sollicité moi-même une mission dans le Dauphiné. Je n'ai pas besoin de vous dire les motifs qui m'y attirent... vous les devinez, n'est-ce pas?

BEAUVOISIN.

Oui, oui, nous causerons de cela...

DE SIMIANE.

Ah! Monsieur, j'étais si impatient d'arriver, si heureux en pensant que j'allais vous revoir, que je n'ai pas eu la force de me résigner aux lenteurs de la route; j'ai piqué des deux à quelques lieues de ce village, après avoir confié ma compagnie à mon lieutenant, et je me dirigeais à franc étrier vers la côte Saint-André quand votre présence...

BEAUVOISIN.

Votre compagnie! Comment vous venez nous rendre visite à la tête de votre compagnie?

DE SIMIANE, *riant.*

C'est la vérité!... le roi a daigné me confier le soin de purger la province des bandits qui l'infestent... une promesse d'avancement même m'a été faite, si je parviens à m'emparer du célèbre Mandrin.

ROQUAIROL, *qui a écouté, sortant vivement.*

Ah!...

LAMBERT.

C'est une mission périlleuse, mais honorable, Monsieur; délivrer la société d'un pareil monstre, c'est rendre service à l'humanité, et Sa Majesté ne saurait trop récompenser le succès d'une pareille entreprise.

DE SIMIANE.

Oh! je réussirai, je le jure!

BEAUVOISIN.

Je vous félicite, Monsieur, de l'honneur qui vient de vous être accordé, mais le succès est au moins problématique, et jusque-là rien n'est changé dans votre position.

DE SIMIANE.

Pardon!... j'ai fait un héritage.

BEAUVOISIN, *vivement.*

Vous!

DE SIMIANE, *riant.*

J'ai oublié de vous parler de cela... Étourdi!... Je devrais savoir pourtant que c'est une nouvelle importante pour de grands parents... Que voulez-vous? je n'ai jamais pu apprendre l'arithmétique, moi! et j'aimerais votre fille, le chiffre de sa dot fût-il tout simplement un zéro.

LÉONI, *qui vient de rentrer et qui écoute au fond.*

Ouais! un rival!

DE SIMIANE.

Comme je vous le disais, j'ai fait un héritage, oh! bien modeste, si j'en juge par les renseignements que j'ai pris hier à Vienne. Un oncle, ancien procureur au parlement, mort il y a six mois, m'a institué son légataire universel; l'héritage se compose de cinq ou six mille livres en espèces et d'un vieux château situé au beau milieu de la forêt de Flachères, à quelques lieues à peine de ce village.

BEAUVOISIN.

Comment nommez-vous ce château?

DE SIMIANE.

Jadis on l'appelait le château de Valvans, mais depuis la mort de mon oncle, qui habitait seul ce vieux manoir, les paysans des environs, effrayés de prétendues apparitions, d'histoires de fantômes, de revenants, l'ont appelé autrement, ils le nomment...

SCÈNE IX.

LES MÊMES, LEONI.

LÉONI, *s'avançant.*

Le château du Diable.

DE SIMIANE.

C'est cela, le château du Diable!... Mais pardon, Monsieur, vous connaissez cet antique manoir?

LÉONI.

Oui, Monsieur.

BEAUVOISIN, *à de Simiane.*

M. le comte Leoni, un de nos amis.

DE SIMIANE.

Parbleu, Monsieur, vous m'obligerez fort en me disant quelle est la valeur de ma propriété et pourquoi l'on s'est permis de la débaptiser.

LÉONI.

C'est un vieux castel féodal dont les tours menacent ruine, sombre, isolé, inhabitable, sa valeur est peu considérable, ses revenus sont presque nuls.

DE SIMIANE, *riant.*

Merci! le portrait n'est pas flatteur.

LÉONI.

Quant à ce nom qui lui a été donné, ce n'est pas sans quelque raison.

DE SIMIANE, riant.

Eh quoi, monsieur le comte, vous croyez à ces histoires de bonnes femmes?

LEONI.

Je crois aux apparitions surnaturelles, oui, Monsieur; le monde créé ne s'arrête pas aux limites du monde visible. De même qu'il y a des animaux si petits qu'ils échappent à notre vue, ne peut-il y avoir aussi des corps si diaphanes qu'ils deviennent invisibles, excepté dans de certains moments, à de certaines heures et dans de certaines conditions?

BEAUVOISIN, un peu effrayé.

Oui... oui... cela peut être.

DE SIMIANE.

Allons donc, monsieur le comte, vous voulez rire. Parbleu! si j'osais vous proposer un moyen d'éclaircir vos doutes et les miens, car je commence à trembler pour mon héritage... je vous dirais : La soirée est superbe... la forêt est pleine d'ombre et de fraîcheur... à défaut d'aventures surnaturelles, nous pouvons offrir une délicieuse promenade à ces dames... allons visiter le château de mon oncle.

LAMBERT.

C'est une idée!...

MADAME BEAUVOISIN.

M. le marquis de Boissec, un ami de M. le comte, a bien voulu nous proposer son carrosse...

LAMBERT.

Nous allions errer au hasard dans la forêt, voici un but.

BEAUVOISIN, bas.

Y pensez-vous, mon frère, un lieu hanté par des esprits, je n'irai pas!

THOMAS.

Non... Monsieur... ce n'est pas notre place...

LEONI.

Je vous ai prévenu du danger, libre à vous de le braver.

ISAURE.

Oh! je n'ai pas peur en compagnie de mon oncle... (Regardant de Simiane.) et de... de ces Messieurs.

DE SIMIANE, appelant son dragon.

Lombard, tu attendras ici M. de Lorsay, mon lieutenant, et tu lui diras que je vous rejoindrai ce soir à la côte Saint-André.

LOMBARD.

Oui, mon capitaine.

DE BOISSEC, rentrant.

Le carrosse est à vos ordres, belles dames.

BEAUVOISIN.

Viens avec nous, Thomas, tu monteras sur le siége à côté du cocher... plus nous serons nombreux et moins nous aurons de dangers à courir!

THOMAS, tremblant.

Des dangers... permettez, Monsieur, chaque visiteur courant un danger, plus il y aura de visiteurs, Monsieur, plus il y aura de dangers courus.

LAMBERT.

Poltron !

BEAUVOISIN.

Si nous emportions des armes?

DE SIMIANE, souriant.

J'ai mon épée; d'ailleurs il est probable que nous n'aurons à lutter que contre les hiboux et les chauve-souris.

THOMAS.

Je frémis!...

LAMBERT.

Allons, Mesdames, en carrosse. (Ils sortent par le fond. Léoni va les suivre quand Margarita l'arrête.)

SCÈNE X.

LEONI, MARGARITA.

MARGARITA, s'approchant de Leoni, à voix basse.

Louis! où allez-vous? quels sont ces gens?

LEONI.

Des imprudents qui veulent visiter le château du Diable... il faut qu'ils trouvent les habitants prêts à les recevoir... Comprends-tu?...

MARGARITA.

Oui.

LEONI.

Le marquis va les égarer dans la forêt... tu as une heure pour tout disposer...

BEAUVOISIN, de la coulisse.

Allons, monsieur le comte, allons. En route! en route!...

LEONI.

Me voici... (Bas.) Adieu!... de la prudence... de l'adresse! (Il sort.)

SCÈNE XI.

MARGARITA, seule, puis PIÉTRO, LE DOCTEUR, ROQUAIROL, TAUPIER, PAYSANS ET PAYSANNES.

MARGARITA, seule, les regardant s'éloigner.

Une rencontre due au hasard... des curieux indiscrets qu'il s'agit de dépister... Allons, j'étais folle !

PIETRO, s'approchant de Margarita.

Margarita! tu es trahie! Margarita! il en aime une autre!

MARGARITA.

La preuve?

PIÉTRO, à mi-voix.

La preuve, je te la donnerai au château du Diable.

MARGARITA.

Eh bien... au château du Diable!

TOUS LES BANDITS, à voix basse.

Au château du Diable!!! (Ils partent tous. La musique des saltimbanques reprend avec énergie. Les paysans se précipitent en foule sur la scène en poussant des cris joyeux.

Acte deuxième. — Deuxième tableau.

La forêt de Flachères. A droite, le château du Diable dont on aperçoit les tours en ruines, au fond, un rideau de grands arbres. — Il fait nuit, commencement d'orage. — Les bandits gardent le château. — Au lever du rideau on entend un signal au loin.

SCÈNE PREMIÈRE

ROQUAIROL, CHRISTOPHE, TAUPIER, LE DOCTEUR, BANDITS.

ROQUAIROL, entrant.

Nous voici arrivés... entrez dans le souterrain, préparez les suaires, les linceuls, allumez les torches, graissez les trappes et les portes secrètes. Vous autres, restez avec moi et veillez.

UN BANDIT.

Il y a donc du nouveau M. Roquairol?...

ROQUAIROL.

Des visiteurs indiscrets qu'il s'agit de guérir de la curiosité, ce péché, le plus dangereux de tous... pour nous. — Apportez un tambour.

LE DOCTEUR.

Vous voulez battre de la caisse, lieutenant?...

ROQUAIROL.

Docteur, mon ami, tu n'es qu'un âne. Ce tambour va me servir pour une expérience scientifique. (Au bandit qui apporte le tambour.) Bien! dépose-le ici... Maintenant, donnez-moi un verre plein d'eau.

TAUPIER.

Vous allez boire de l'eau, lieutenant?

ROQUAIROL.

Fi donc!... Un savant de mes amis m'a affirmé ce matin que ce verre plein, posé sur un tambour, pouvait remplacer la meilleure sentinelle... Au moindre bruit, ce bruit fut-il insaisissable à l'oreille, ce tambour fera entendre de sourds grondements, au moindre tressaillement de l'air ou du sol, cette eau frémira... avertissement précieux dont je vais faire l'essai à l'instant même. (A Christophe qui entre.) Eh bien! Christophe, tu descends de l'observatoire? qu'as-tu vu? qu'as-tu entendu?...

CHRISTOPHE.

Rien, lieutenant... aussi loin que la vue peut s'étendre, je n'ai aperçu que les allées désertes, je n'ai entendu que le cri des oiseaux ou le murmure de l'eau... il est vrai que les voiles de la nuit commencent à s'étendre sur la nature assoupie... et que l'orage gronde au lointain vaporeux et sombre !

LE DOCTEUR.

Ce diable de Christophe... toujours poétique dans ses expressions, toujours recherché dans sa mise !

CHRISTOPHE, jouant avec ses manchettes déchirées.

Je me souviens encore d'avoir fréquenté la bonne société... Ah! c'est la fatalité qui m'a fait ce que je suis... Je devrais marcher de pair avec M. de Voltaire... Au lieu de cela, je ne suis qu'un misérable bandit, comme vous.

LE DOCTEUR.

Dis donc, M. de l'Empyrée, si tu voulais bien être plus respectueux pour tes collègues.

CHRISTOPHE.

Vous, mes collègues!... amère dérision!... jeu du destin cruel!... c'est vrai, vous êtes mes collègues, comme les compagnons d'Ulysse étaient les collègues de ce héros.

ROQUAIROL.

Voyez, cette eau vient de frémir..... elle s'agite encore.....
écoutez! (Signal dans la coulisse.) C'est un des nôtres.

CHRISTOPHE, regardant.

Piétro! Margarita!

SCÈNE II.

LES MÊMES, PIÉTRO, MARGARITA.

PIÉTRO.

Je te l'ai dit, Margarita, tu es trahie... j'ai entendu des paroles d'amour s'échapper de ses lèvres.... un projet de mariage...

MARGARITA.

C'est impossible...

PIÉTRO.

Je te dis que j'ai entendu de mes oreilles, vu de mes yeux.

MARGARITA.

Non, je ne croirai jamais à une aussi lâche trahison... moi
qui lui ai donné tant de preuves de mon amour!... moi, dont le
dévouement, le zèle infatigable, ne lui ont jamais fait défaut;
moi qui, vingt fois peut-être, lui ai sauvé la vie; moi qui l'aime
enfin, comme jamais il ne sera aimé!... moi, à qui il a juré une
fidélité éternelle!... Non, non! je te le répète, c'est impossible!...

PIÉTRO.

Et pourtant, c'est vrai!

MARGARITA.

Tais-toi!... il a quelque but caché pour jouer cette comédie,
quelque plan qu'il m'expliquera, car il me dit tout.. J'ai la
moitié de ses secrets, comme il a la moitié de mon âme!

PIÉTRO.

Pourtant...

MARGARITA.

Ah! je sais pourquoi tu cherches à le perdre dans mon esprit,
bon Piétro, tu es jaloux.

PIÉTRO.

C'est vrai, je suis jaloux parce que je t'aime toujours, Margarita... mais, depuis deux ans, ma jalousie ne m'a pas empêché
de te suivre comme un chien fidèle. Je souffrais en voyant ses
caresses, à lui, mais j'étouffais mes souffrances, parce que je me
disais : il l'aime, elle est heureuse!... Depuis le jour où cet
homme s'est emparé de ton cœur, j'ai compris que je n'étais
plus rien pour toi... je t'ai suivie parce que je ne puis vivre que
près de toi, parce que, aussi loin que se reporte ma mémoire,
elle te présente à moi comme le complément indispensable de
ma vie... Enfants de pères constamment en lutte avec la société,
nous avons grandi ensemble, exposés aux mêmes privations, aux
mêmes périls; mon amour a commencé avec mon existence, il
ne s'éteindra qu'avec elle. Mais cet amour est si grand, Margarita, qu'il va jusqu'au sacrifice de moi-même!... Oui, je le jure,
si tu étais heureuse, je me tairais, comme je me suis tu jusqu'à
ce jour... Mais une trahison se prépare qui peut te briser le
cœur, et je viens te dire : Déjoue cette trahison, Margarita,
défends ton amour, comme je défendrais ta vie, moi, si jamais
elle était menacée!...

MARGARITA, avec douleur.

C'est donc vrai, mon Dieu!...

PIÉTRO.

Dans un instant tu pourras t'en convaincre toi-même... ne va-
t-il pas venir avec elle dans ce château?.. ces vieilles murailles
ont mille retraites cachées... tu pourras les entendre sans être
vue, tu pourras les voir sans être entendue... Maintenant tu
sais tout... à toi d'agir... (Bruit au dehors.)

ROQUAIROL.

Alerte! les voici!... chacun à son poste... (Coup de tonnerre.)
Ah! ah! le tonnerre!... Allons! allons! grâce à l'orage, notre
tâche sera facile.

MARGARITA, à Piétro.

Viens donc... et malheur à lui si tu m'as dit vrai, Piétro! (Ils
sortent.)
(Changement à vue.)

Le décor change. Le rideau d'arbres placé au fond, s'avance jusque
sur le devant du théâtre, et en s'écartant laisse voir une des façades
du château. Cette façade est divisée horizontalement en deux
parties. Le rez-de-chaussée est figuré par une muraille délabrée, sou-
tenue par des contreforts et percée au niveau du sol par un soupirail
d'où s'échappent des lueurs sinistres. Le premier étage, ouvert
aux yeux du public, représente une grande salle garnie de vieilles
tapisseries. A droite, au premier plan, une vaste cheminée sculptée;
au deuxième plan, une porte, au fond, une fenêtre ouvrant sur la
campagne. — A gauche, au premier plan, une porte secrète ; au
deuxième plan, une autre porte.

SCÈNE PREMIÈRE.

M. BEAUVOISIN, MADAME BEAUVOISIN, ISAURE, LAMBERT,
LE COMTE LEONI, M. DE SIMIANE, THOMAS.

DE SIMIANE, entrant, suivi de Thomas qui porte une lumière.

Eh bien! vous voyez que ce château est absolument comme
les autres; un peu plus vieux, un peu plus délabré, peut-être,
mais au fond un honnête château de procureur, dans lequel il
ne se passe que des choses fort naturelles.

LAMBERT.

C'est vrai!...

BEAUVOISIN.

Naturelles!... hé!... Trouvez-vous naturelle la soudaine disparition du marquis de Boissec?... A peine avions-nous franchi
le pont-levis, il était à mes côtés, je me retourne... plus personne...

LEONI.

En effet, cette absence commence à m'inquiéter.

DE SIMIANE.

Bah! il se sera arrêté pour admirer le site qui est superbe,
vu surtout à la lueur des éclairs... il va nous rejoindre, en riant
lui-même de vos frayeurs... Regardez donc, Mesdames, la belle
chose qu'un orage!... lorsqu'on est à l'abri.

BEAUVOISIN.

Oui... oui!... c'est magnifique!... Mais, comment ferons-nous
pour regagner la côte Saint-André!... la pluie tombe par tor-
rents... les routes seront impraticables...

DE SIMIANE.

Acceptez l'hospitalité que vous offre le seigneur de ce castel... j'ai aperçu en entrant ici une chambre en assez bon état...
ces dames pourront s'y réfugier pour y passer la nuit... Il n'y
a que deux portes à cette chambre, monsieur Lambert et monsieur Beauvoisin coucheront dans la pièce voisine et garderont
l'une des issues... monsieur le comte et moi, nous nous instal-
lerons ici, et nous garderons l'autre... puis, demain, quand
le soleil aura séché les mauvais rêves, nous partirons gais et
dispos.

LAMBERT.

Qu'en dites-vous, Mesdames?

BEAUVOISIN.

Passer la nuit ici... ma foi, non... j'aime encore mieux af-
fronter les fondrières.

THOMAS.

Oh! comme Monsieur a raison!

LAMBERT.

Vous n'y pensez pas... ce serait exposer la santé de ces
dames... (Bas.) Et puis, la forêt n'est pas sûre...

BEAUVOISIN.

Diable! que faire?...

MADAME BEAUVOISIN.

Rester où nous sommes, mon ami... quelques heures sont
bientôt passées... que pouvons-nous craindre?

LAMBERT.

Rien, absolument... Monsieur de Simiane, ces dames accep-
tent l'hospitalité que vous leur offrez dans le manoir de vos
aïeux.

BEAUVOISIN.

Permettez!... permettez!...

LAMBERT.

Que diable! mon beau-frère, vous ne pouvez vous montrer
plus difficile que votre femme et votre fille... et puisqu'elles ac-
ceptent... Allons, venez prendre possession de votre appartement... et laissons ces Messieurs s'installer ici. Demain, au
point du jour, je me charge de réveiller tout le monde...

BEAUVOISIN.

Je ne dormirai pas.

THOMAS, à part.

Ni moi.

LAMBERT.

Au revoir, Messieurs...

MADAME BEAUVOISIN.

Bonne nuit!

DE SIMIANE.

Dormez sans crainte, Mademoiselle, l'amitié vous garde contre les périls humains, et votre innocence vous protège contre les pièges de l'enfer.

ISAURE.

Bonsoir, Messieurs. (Ils sortent par la gauche. — Leoni disparaît par la porte secrète.)

SCÈNE II.

DE SIMIANE, THOMAS.

THOMAS.

Pardon, Monsieur...

DE SIMIANE.

Que veux-tu, mon garçon?

THOMAS.

Vous avez bien pensé à veiller sur ces dames, mais moi, Monsieur, vous m'avez oublié.

DE SIMIANE.

Comment?...

THOMAS.

Qui est-ce qui veillera sur moi?

DE SIMIANE.

Eh bien! tu resteras ici avec nous...

THOMAS.

J'aimerais mieux être avec ces dames, Monsieur...

DE SIMIANE.

Hein?

THOMAS, pudiquement.

Oh! Monsieur, ce n'est pas ce que vous pensez... Je vais vous dire, voyez-vous, je suis un être faible, moi... je suis nerveux... et la moindre émotion... Enfin, j'aimerais mieux être gardé des deux côtés...

DE SIMIANE.

Poltron!... Tiens, allume du feu dans cette grande cheminée pour te distraire.

THOMAS.

Aller chercher du bois! Vous laisser seul... non, Monsieur, non, je ne vous quitterai pas!..

DE SIMIANE.

Tu n'as pas besoin de sortir; prends ces vieux meubles..

THOMAS.

Oh! comme ça! (Il brise un escabeau et allume le feu.)

DE SIMIANE, s'asseyant dans un grand fauteuil.

Ah! j'avoue qu'on est bien dans ce fauteuil... je suis un peu fatigué!... Dix lieues à franc étrier... je céderais volontiers au sommeil, si je n'avais le plaisir de votre société, M. le comte... (Se retournant.) Tiens, il n'est plus là.

THOMAS.

Il y a de la magie, Monsieur... tout le monde disparaît dans ce château... on nous prend pour des mascades... notre tour viendra.

DE SIMIANE.

Le comte s'est mis à la recherche du marquis, sans doute; ah! c'est étonnant comme ce feu m'endort... mes paupières se ferment malgré moi... tu me réveilleras à la moindre alerte!

THOMAS, à voix basse.

Il va dormir!... Ah! mais non!... Monsieur... Monsieur!

DE SIMIANE.

Qu'y a-t-il?

THOMAS.

Entendez-vous?

DE SIMIANE.

C'est l'orage... tiens... place mes pistolets à portée de ma main... si les fantômes viennent nous visiter... c'est avec cela que nous engagerons la conversation...

THOMAS.

Des armes!... un homme qui dort... un vieux château... des vieux murs... des vieilles tapisseries... des vieux meubles et je ne sais quoi... partout... c'est effrayant!... Ah! le feu va s'éteindre... ranimons-le... (Il s'agenouille près du feu et se met à souffler en ce moment pour se donner du courage. — Pendant ce temps, un pan de la tapisserie se soulève, un fantôme s'approche de Simiane, ôte les amorces des pistolets et les replace près de lui; il lui enlève aussi son épée et disparaît sous la tapisserie.)

THOMAS, se retournant.

Hein?... J'ai cru entendre... non... c'est le vent... ou c'est Monsieur qui ronfle... (On entend de sourds gémissements, des bruits de chaînes et des hurlements lointains.) Ah! mon Dieu!...

DE SIMIANE, s'éveillant.

Qu'est-ce?... (Élevant la voix.) C'est une plaisanterie, sans doute... mais les mystificateurs voudront bien se souvenir qu'il y a des dames ici...

THOMAS, tremblant.

Oui... il y a des dames... ici...

DE SIMIANE.

Ce qui ne serait qu'un jeu pour nous peut devenir une torture pour elles.. (Le bruit redouble.) Encore! Vive-Dieu! je suis curieux d'avoir le mot de cette énigme.

THOMAS.

Allons-nous-en, Monsieur; moi, je ne suis pas curieux.

DE SIMIANE.

C'est de ce côté!... (Il veut s'élancer vers la porte latérale. — Un spectre, couvert d'un suaire, paraît sur le seuil et lui barre le passage.)

THOMAS, poussant un cri.

C'est le diable!...

DE SIMIANE, armant un pistolet.

Parbleu! je vais savoir si ce spectre est une ombre ou un corps!... (Il tire, le coup ne part pas.) Ah! mon épée!... ils m'ont pris mon épée... n'importe... je vais... (Au moment où il va s'élancer, des fantômes armés de torches et traînant des chaînes, débouchent de toutes les avenues, s'emparent de Simiane, le bâillonnent et l'entraînent par la porte secrète.)

DE SIMIANE, se débattant.

Misérables!... misérables!...

THOMAS, tombant à genoux.

Grâce! seigneurs démons! grâce! oui, je suis en état de péché mortel, je m'accuse d'avoir volé deux écus à mon maître ce matin!... (Les fantômes dansent autour de lui une ronde fantastique. Il s'enfuit en poussant des cris. Les fantômes disparaissent. — Changement à vue.)

Quatrième tableau.

Le décor change dans la partie inférieure; la muraille s'écarte et démasque une cave voûtée éclairée chaudement par les lueurs d'une fournaise ardente. — Mandrin est seul, un masque sur le visage. Les brigands amènent M. de Simiane, l'attachent à un poteau et s'éloignent sur un signe de Mandrin. — Mandrin s'approche du prisonnier et lui ôte le bâillon qui étreignait sa bouche.

SCÈNE PREMIÈRE.

MANDRIN, DE SIMIANE, puis MARGARIT.

DE SIMIANE.

Où suis-je?... un souterrain!... (A Mandrin.) Qui êtes-vous?... que me voulez-vous?... Vous ne répondez pas?... si c'est une comédie, j'avoue qu'elle est bien jouée, mais je voudrais en connaître le but. Si c'est une chose sérieuse, alors expliquez-moi vite ce qu'on espère obtenir de moi par cette violence..

MANDRIN.

Ce n'est point une comédie, Monsieur.

DE SIMIANE.

Alors, parlez, voyons, qu'attendez-vous de moi?...

MANDRIN.

Votre renonciation formelle à la main de mademoiselle Isaure... et votre parole de gentilhomme de ne jamais révéler à qui que ce soit au monde, dans aucun temps, dans aucun lieu, ce qui vient de se passer ici...

DE SIMIANE.

Que je renonce à Isaure, moi?... Jamais!

MANDRIN.

Si vous refusez, prenez garde!

DE SIMIANE.

La mort, n'est-ce pas?... Je l'ai trop de fois bravée en face d'un ennemi loyal pour ne pas l'attendre avec mépris de bandits tels que vous et vos complices.

MANDRIN.

Leur complice, non... mais leur chef.

DE SIMIANE.

Leur chef!.. Vous êtes donc?...

MANDRIN, se démasquant.

Je suis Mandrin!

DE SIMIANE.

Mandrin!... Lui!... et c'est lui qui est mon rival!...

MANDRIN.

Votre rival, c'est vrai!

DE SIMIANE.

Misérable! tu oses...

MANDRIN, avec force.

Eh bien! oui, j'ose aimer cette jeune fille... Je l'aime avec passion... avec délire!.. pour obtenir sa main, je prendrai tous les masques... j'emploierai tous les moyens; en un mot, je sacrifierai tout, même mes affections les plus chères!... Croyez-vous donc après cela qu'il puisse m'en coûter beaucoup de vous tuer, vous, si votre existence est un obstacle à mes projets.

MARGARITA, qui est entrée et qui s'est approchée de Mandrin

Et moi... que deviendrai-je?...

MANDRIN.

Margarita!... (Aux bandits qui sont entrés derrière la jeune femme.) Emmenez cet homme et que mes ordres soient exécutés... Allez!...

DE SIMIANE.

Tu peux me tuer, Mandrin, mais tant qu'un souffle fera battre ma poitrine, rien, rien, entends-tu, ne me fera renoncer à Isaure!... (Les bandits entraînent M. de Simiane.)

SCÈNE II.

MANDRIN, MARGARITA.

MARGARITA.

Tu m'as oubliée dans les projets d'avenir... Celle à qui, hier encore, tu faisais de si beaux serments d'amour, celle qui depuis deux ans a partagé tous tes périls, qui a veillé sur toutes tes nuits, qui a détourné le poignard ou la trahison de ton sein; celle-là tu l'abandonneras, n'est-ce pas? .. tu la jetteras aux bras de quelque bandit obscur, en lui disant : « Voici ma maîtresse, « je te la donne... il me faut, à moi, une femme légitime, la « paix du ménage, les joies domestiques, toutes les vertus et « tous les bonheurs de l'homme, du père et de l'époux! » Insensé! qui n'as pas compris qu'une seule femme pouvait aimer Mandrin! et que cette femme, c'est moi!.. Va donc, entre deux baisers, jeter ton nom à la jeune fille innocente et pure, et tu verras ses lèvres pâlir, ses yeux se détourner avec horreur, ses bras te repousser loin d'elle!

MANDRIN.

Margarita!...

MARGARITA.

Moi, je t'aime, pourquoi?... je ne sais... Elevée parmi des bandits, en lutte depuis mon enfance avec les lois de la société... je n'ai qu'une notion vague du juste et de l'injuste... que m'importe ce qu'on appelle les crimes!... je t'aime!... Mais la jeune fille, habituée aux saintes vertus du foyer, crois-tu qu'elle pourra mettre sa main tremblante dans ta main rouge de sang?...

MANDRIN.

Assez!...

MARGARITA.

Ah!..

MANDRIN.

Margarita... tout est fini entre nous... tu peux, si bon te semble, retourner en Italie avec Piétro... je t'ai aimée, Margarita!... Aujourd'hui, une passion nouvelle s'est emparée de mon cœur... D'ailleurs, à ce projet de mariage, se rattache tout un vaste plan d'avenir!... Il me faut une position solide dans le monde... cette alliance avec une famille riche, considérée, me la donnera.

MARGARITA.

Tiens... dis-moi que ce mariage n'est que le résultat d'un calcul, dis-moi que tu n'aimes pas cette jeune fille, et j'oublie tout...

MANDRIN.

Je ne veux pas te tromper, Margarita... Je l'aime!

MARGARITA.

Prends garde, Mandrin, je suis Italienne... je suis jalouse... je puis me venger!

MANDRIN.

Soit! tes fureurs me mettent à l'aise... Tu sais que je n'ai jamais reculé devant une menace...

MARGARITA.

J'ai tort... il faut me pardonner; vois-tu, j'ai la tête perdue!... Tu sais bien aussi que je ne pourrais me venger sans te perdre, et que ta vie m'est plus précieuse que mon amour!...

MANDRIN.

Alors, résigne-toi!

MARGARITA.

Jamais!... non! c'est au-dessus de mes forces... Tiens, voici un poignard, frappe-moi! Je souffrirai moins mourant de ta main que trahie par ton cœur!...

MANDRIN.

C'est de la démence!... Le temps calmera ce désespoir, trop violent pour être durable...

MARGARITA.

Il raille jusqu'à ma douleur!... Ah! puisses-tu trouver un cœur implacable dans celle pour qui tu m'abandonnes!

MANDRIN.

Celle-là ne sait qu'aimer, elle ne sait pas maudire!... D'ailleurs, que m'importe!... mon amour est de ceux qu'on accepte ou qui donnent la mort!...

SCÈNE III.

LES MÊMES, DE BOISSEC, puis PIÉTRO.

DE BOISSEC.

Que fais-tu, Mandrin? Ne sais-tu pas qu'un nouveau danger nous menace?

MANDRIN.

Qu'y a-t-il?

DE BOISSEC.

Le stupide domestique laissé par nous en liberté là-haut, a été tout raconter à l'oncle Lambert. Celui-ci a couru au prochain village; il a rassemblé tous les paysans, il s'est mis à leur tête, et voilà qu'il revient comme un forcené sur le château... Faut-il les saluer d'une fusillade?...

MANDRIN.

Garde-t'en bien... Baissez le pont-levis... ouvrez toutes les portes... laissez-les arriver jusqu'à cet appartement .. Qu'on respecte surtout l'entreposeur de la ferme... jusqu'à nouvel ordre... c'est mon oncle futur...

DE BOISSEC.

Je ne te reconnais plus...

MARGARITA, à Mandrin.

Cet amour te perdra, Mandrin!

MANDRIN, écoutant.

Ils s'arrêtent... ils approchent...

PIÉTRO, entrant, à voix basse, à Margarita.

J'ai tout entendu... (Désignant Mandrin.) veux-tu que je poignarde cet homme?...

MARGARITA.

Non, j'ai un projet.

PIÉTRO.

Ah!...

MANDRIN, à de Boissec.

Ah ça!... comment expliquer la disparition de M. de Simiane?

DE BOISSEC.

J'y ai songé!.. une histoire romanesque.. un acte de dévouement!

MANDRIN.

On n'y croira pas....

DE BOISSEC.

Ah! si nous pouvions montrer quelque blessure reçue en défendant M. de Simiane...

MANDRIN, tirant son poignard.

N'est-ce que cela?... attends... (Il se frappe au bras.)

DE BOISSEC.

Que fais-tu?...

MANDRIN.

Bah! une égratignure... Les voici... à nos rôles!... (A Roquairol qui vient d'entrer avec deux hommes.) Toi, Roquairol, fais disparaître l'officier.... Tu m'entends... je le veux! (Roquairol, aidé de deux brigands, délie M. de Simiane et l'entraîne hors du souterrain.)

MARGARITA.

J'ai pitié de toi, Mandrin; je te laisse aux joies de la famille... Moi, je vais songer à ma vengeance. (Elle sort avec Piétro.)

MANDRIN.

Se venger!... Bah! elle n'osera pas! (Il sort précipitamment, suivi de Boissec.)

SCÈNE IV.

LAMBERT, BEAUVOISIN, DE BOISSEC; PAYSANS ARMÉS DE FOURCHES ET DE BATONS. (Dans l'étage supérieur.)

LAMBERT, entrant.

En avant! mes amis, en avant!

BEAUVOISIN.

De la prudence, beau-frère... Je n'ai pas voulu vous quitter... mais je suis effrayé de mon courage!...

DE BOISSEC, entrant et poussant des cris.

Pauvre M. de Simiane!... si jeune! si brave!.. ah! c'est affreux!

LAMBERT.

Que lui est-il arrivé?

DE BOISSEC.

Ah! c'est vous! Trop tard! vous arrivez trop tard!... le malheureux!

BEAUVOISIN.

Je n'ai pas une goutte de sang dans les veines!...

LAMBERT.

Voyons, Monsieur, parlez... Mais parlez donc !

DE BOISSEC.

Ah! je ne puis... je suis si ému... Mais tenez, demandez au comte Leoni .. il vous dira cela mieux que moi... Ce cher ami! il a été blessé en le défendant..

TOUS.

Blessé!

LAMBERT, à Mandrin.

Est-ce vrai, cela, au moins?

MANDRIN, jouant l'émotion.

Oui, Monsieur, oui... Pendant une heure, M. de Simiane et moi, nous avons lutté contre les démons et les fantômes... Vains efforts, nos coups frappaient dans le vide et ne pouvaient atteindre des ombres aussitôt évanouies et toujours renaissantes!... Tout à coup je vis briller une épée flamboyante... je m'élançai au devant du coup... un fer brûlant pénétra dans ma chair, puis le glaive terrible s'abaissa sur M. de Simiane qui tomba foudroyé... Je fermai les yeux en poussant un cri... quand je les rouvris, tout avait disparu!...

BEAUVOISIN.

C'est horrible!

LAMBERT.

C'est étrange!...

DE BOISSEC.

Pas plus étrange que ma disparition et mon retour, sans que j'aie conservé aucun souvenir de cette heure de ma vie.

LAMBERT.

Aucun souvenir!... allons donc!...

DE BOISSEC.

Vous ne me croyez pas!... Vous doutez peut-être aussi de la mort de M. de Simiane?... vous doutez peut-être aussi de la blessure du comte Leoni?...

BEAUVOISIN, à Mandrin.

Votre sang coule... ah! mon Dieu!...

LAMBERT.

Je me refusais à croire... mais devant une pareille preuve, que penser?...

THOMAS, criant.

Son bras, Monsieur! pansez son bras!...

BEAUVOISIN.

Et c'est en défendant M. de Simiane que vous avez reçu cette blessure?

MANDRIN.

BEAUVOISIN, lui tendant la main.

Ah! monsieur le comte, un pareil trait!... j'en pleure d'attendrissement, sabre de bois! Dans mes bras, jeune homme, dans mes bras!

DE BOISSEC, bas à Mandrin.

Ça y est!...

LAMBERT, aux paysans.

Eh bien! mort ou vivant, je veux retrouver M. de Simiane... s'il est vivant nous le sauverons; s'il est mort...

BEAUVOISIN.

Parbleu! s'il est mort, je ne serai pas obligé de choisir entre vous et lui, monsieur le comte, vous épouserez ma fille...

LAMBERT.

Ah! mon frère, en un pareil moment!

BEAUVOISIN.

Si M. de Simiane était là, il serait le premier à me dire : donnez votre fille à ce héros, à cet ami généreux qui a risqué sa vie pour défendre la mienne... (A Lambert.) Ne me dites plus rien, mon frère, ce mariage s'accomplira, à moins que monsieur le comte ne retire sa parole.

MANDRIN.

Ah! Monsieur, vous comblez mes vœux les plus chers!...

SCÈNE V.

Les mêmes, DE SIMIANE, PIETRO, MARGARITA, ROQUAIROL, bandits.

DE SIMIANE, dans l'étage inférieur, entrant poursuivi par des brigands qu'on ne voit pas encore.

Lâches! lâches!

PIETRO, s'élançant sur lui un poignard à la main.

On veut vous sauver!... pas un mot!... Feignez l'immobilité de la mort!... (Simiane tombe renversé sur un banc de pierre.)

ROQUAIROL, accourant.

Ah! le voici!

PIETRO, aux brigands.

Il voulait s'évader.. je lui ai planté mon poignard dans le cœur..

ROQUAIROL.

Bah! tu l'as tué!... voyons!..

MARGARITA, penchée sur Simiane.

Cet homme est bien mort!...

LAMBERT, aux paysans.

Allons, mes amis, cherchons partout, et soyez sûrs que votre zèle ne restera pas sans récompense.

DE BOISSEC.

Je me charge de diriger les recherches... venez... venez!...

MARGARITA, à part.

Non, ce mariage ne s'accomplira pas!... (Les bandits rentrent en foule dans le souterrain, pendant que les visiteurs disparaissent de l'étage supérieur.)

Un jardin attenant à la maison de M. Beauvoisin à La Côte-Saint-André.

—

SCÈNE PREMIÈRE.

M. BEAUVOISIN, THOMAS, domestiques. (Thomas et des domestiques en livrée vont et viennent portant des bagages.)

BEAUVOISIN, à Thomas.

Eh bien! cette installation, où en est-elle? est-ce terminé, enfin?

THOMAS.

Dans un instant, notre maître... Ah! dam! il y avait de l'ouvrage : la chambre était toute remplie de concombres qu'on avait mis là pour les faire mûrir.

BEAUVOISIN.

Imbécile!

THOMAS.

Madame et Mademoiselle sont en train de déménager tous ces hors-d'œuvres, je cours les aider et enlever la paille ; un coup de plumeau et un coup de balai, il n'y paraîtra plus. (Il sort.)

SCÈNE II.

BEAUVOISIN, MADAME BEAUVOISIN.

MADAME BEAUVOISIN.

Me direz-vous, monsieur Beauvoisin, pourquoi tous ces préparatifs de fête?

BEAUVOISIN.

Parce que c'est aujourd'hui, Madame, que je veux signer le contrat de mariage de ma fille et du comte Leoni.

MADAME BEAUVOISIN.

C'est donc bien irrévocable?

BEAUVOISIN.

Nos parents sont prévenus... Lambert est ici. Monsieur et madame de Morval viennent d'arriver de Grenoble.

MADAME BEAUVOISIN.

Où sont-ils?

BEAUVOISIN.

A l'auberge où ils sont descendus; mais vous comprenez, madame Beauvoisin, que nous ne pouvons les laisser en pareil lieu.

MADAME BEAUVOISIN.

Sans doute.

BEAUVOISIN.

Madame de Morval surtout... une femme si susceptible!... Cette chère cousine! elle n'est pas changée; lorsque je la vis, il y a dix ans, elle avait de singulières idées sur la charité, sur la morale... je me souviens des discussions que nous eûmes ensemble sur ce sujet... Elle criait si haut, que j'ai toujours pensé depuis, que c'est à ses querelles domestiques avec son mari, qu'il faut attribuer la surdité de ce cher cousin.

MADAME BEAUVOISIN.

Le fait est qu'il est sourd comme une trappe. Quant à madame de Morval, croyez-moi, mon ami, c'est une personne charitable qui passe sa vie à visiter les prisons, à faire du bien aux malheureux.

BEAUVOISIN.

Oui! oui! je connais sa manie. C'est une folle qui se croit appelée à régénérer les malfaiteurs, ses chers brigands... à eux toute sa pitié, toute sa commisération; que dis-je toute sa tendresse .. aussi ne lui en reste-t-il plus pour sa famille.

MADAME BEAUVOISIN.

Taisez-vous, la voici avec monsieur de Morval.

SCÈNE III.

Les mêmes, M. et MADAME DE MORVAL.

BEAUVOISIN, à de Morval.

Comment allez-vous?

DE MORVAL.

Le temps est superbe... une vraie journée de printemps...

MADAME DE MORVAL.

Quel dérangement nous vous occasionnons, mon cousin.

BEAUVOISIN.

Sabre de bois, c'est bien le moins qu'on se gêne un peu pour héberger de bons parents, qui entreprennent un long voyage tout exprès pour vous faire honneur.

MADAME DE MORVAL.

Il est certain, mon cousin, qu'il y a quelque mérite à se faire cahoter de Grenoble à La Côte-Saint-André par des chemins horribles et infestés, à ce qu'on assure, par la bande de Mandrin ; M. de Morval ne se souciait pas de se mettre en route...

BEAUVOISIN.

Vous êtes donc poltron ?

DE MORVAL, lui serrant la main.

Pas mal et vous.

BEAUVOISIN.

Comment ! que me répondez-vous ?

DE MORVAL.

Ne me demandez-vous pas comment va la santé ?

BEAUVOISIN.

Ah !... c'est juste... oui ! oui !

MADAME DE MORVAL.

Ce n'est pas pour lui qu'il a peur, mais pour ses écus.

BEAUVOISIN.

Je comprends, ce cher cousin est toujours... économe ?

MADAME DE MORVAL.

Lui ! il me verrait tomber à la rivière qu'il ne donnerait pas une pistole pour m'en retirer. Croiriez-vous qu'il a eu l'impudeur de me refuser l'argent nécessaire à mes aumônes ?

BEAUVOISIN.

Vous vous occupez donc encore de bonnes œuvres, ma cousine ?

MADAME DE MORVAL.

J'ai ma spécialité, je fais un peu de bien dans les prisons.

BEAUVOISIN.

Dans les prisons !

MADAME DE MORVAL.

Sans doute. Les honnêtes gens ne manquent jamais de protecteurs, mais un coquin, un voleur, un brigand, trouve difficilement quelqu'un qui s'intéresse à son sort !

BEAUVOISIN.

Je ne vois pas trop l'utilité...

MADAME DE MORVAL.

Ah ! mon cousin... Est-ce que les malfaiteurs ne sont pas aussi nos frères ?

BEAUVOISIN.

Possible ! mais si j'avais un frère à la façon de Caïn...

MADAME DE MORVAL.

Hé ! mon Dieu, qui sait ! il y avait peut-être dans Caïn l'étoffe d'un galant homme... on n'a pas su le prendre...

BEAUVOISIN.

Voilà le malheur ! si on l'avait pris... à temps, il n'aurait pas joué un si vilain tour à son frère.

MADAME DE MORVAL.

A tout péché miséricorde, c'est ma devise... Si vous saviez, cousin, les miracles que j'ai opérés à la geôle de Grenoble ! que de fois j'ai souhaité que Mandrin, l'illustre Mandrin, tombât enfin dans les mains de la maréchaussée !

BEAUVOISIN.

Moi aussi, par exemple !

MADAME DE MORVAL.

Pour avoir occasion de faire entrer le repentir dans cette âme... noble peut-être !

BEAUVOISIN.

Noble ou non, je ne serais pas fâché de le voir pendu.

MADAME DE MORVAL.

Ah ! mon cousin !... Mais laissons-là Mandrin, et parlons un peu de votre fille. Où est-elle cette chère enfant ?

MADAME BEAUVOISIN.

Je vais la prévenir de votre arrivée... Elle sera bien heureuse de vous voir... de vous embrasser... (Elle sort.)

MADAME DE MORVAL.

Comment appelez-vous déjà votre futur gendre ?

BEAUVOISIN.

Le comte Leoni.

MADAME DE MORVAL.

Un bon parti ?

BEAUVOISIN.

Un million de fortune, sans compter les espérances... Entre nous, je crois qu'Isaure aurait préféré le rival du comte.

MADAME DE MORVAL.

Ah ! il y avait un rival ?...

BEAUVOISIN.

Oui... un M. de Simiane... un petit officier de fortune, une espèce de capitaine de dragons, qui n'avait que la cape et l'épée, je ne trompe, il possédait encore une affreuse bicoque qu'il avait l'audace d'appeler un château... un coupe-gorge infernal, tout peuplé de revenants, où nous avons tous failli être rôtis par le diable en personne.

MADAME DE MORVAL.

Quel conte me faites-vous là !...

BEAUVOISIN.

Un conte ! c'est pardieu bien une histoire, une histoire véritable quoique fantastique, et que je vous conterai quand je serai tout à fait revenu de ma peur... Tenez, rien que d'y songer, je sens mes cheveux se hérisser sur ma tête.

DE MORVAL, criant à leurs oreilles.

Qu'est-ce que dit le cousin ?

MADAME DE MORVAL.

Qu'il veut se griser aujourd'hui et qu'il vous tiendra tête.

DE MORVAL.

Eh ! eh ! d'habitude je ne bois que de l'eau, mais quand je m'y mets je suis encore un bon compagnon.

MADAME DE MORVAL.

Chez les autres... c'est tout bénéfice... (A Beauvoisin.) Et qu'est devenu M. de Simiane ?

BEAUVOISIN.

Il est mort.

MADAME DE MORVAL.

Mort !

BEAUVOISIN.

Ma foi oui, et je n'en suis pas fâché.

MADAME DE MORVAL.

Ah ! mon cousin !...

BEAUVOISIN.

Que voulez-vous ? je suis franc, moi ! je n'ai pas d'obligations à ce Monsieur, il me gênait, il est mort... tant pis pour lui.

MADAME DE MORVAL.

Pauvre jeune homme ! Et comment est-il mort ?...

BEAUVOISIN.

Ah ! voilà... c'est toujours l'horrible histoire dont je vous parlais tout à l'heure.

MADAME DE MORVAL.

Quoi ! c'est dans ce château infernal ?...

BEAUVOISIN.

Mon Dieu oui ! Une vengeance de locataires ; il paraît que les diables qui hantaient cette affreuse masure ont cru que M. de Simiane voulait leur donner congé, et ils lui ont tordu le cou.

MADAME DE MORVAL.

Savez-vous que tout cela est bien incroyable !

BEAUVOISIN.

Comment, incroyable ?

MADAME DE MORVAL.

Ma foi, mon cousin, voilà une farouche aventure !

BEAUVOISIN.

Ce qu'il y a de certain, c'est que depuis ce jour de terrible mémoire, M. de Simiane n'a plus donné de ses nouvelles, et comme je vous le disais tout à l'heure, je n'en suis pas fâché. Ce garçon avait tourné la tête à ma femme ! Le comte Leoni restant seul, elle s'est ralliée, d'assez mauvaise grâce, il est vrai, mais enfin elle a donné son consentement : il n'y a que Lambert qui résiste encore ; mais je puis me passer de son approbation.

MADAME DE MORVAL.

Et Isaure ?

BEAUVOISIN.

Isaure a voulu résister aussi ; mais après force larmes, elle a cédé à ma volonté. Elle sait que les Beauvoisin n'ont jamais plaisanté sur le chapitre de l'autorité paternelle, sabre de bois ! (Il frappe sur la table et réveille en sursaut de Morval qui s'était assoupi.)

BEAUVOISIN.

Ainsi, ma chère cousine, nous voici tous d'accord, et aujourd'hui même, s'il plaît à Dieu, nous signerons le contrat.

SCÈNE III.

Les mêmes, LAMBERT.

LAMBERT, entrant.

Aujourd'hui ?... ce n'est pas possible !

BEAUVOISIN.

Et pourquoi n'est-ce pas possible ?... ma résolution est arrêtée depuis longtemps, comme le prouve ici la présence de nos parents, monsieur et madame de Morval. (Lambert salue. — Monsieur et madame de Morval se lèvent et font la révérence.)

BEAUVOISIN, présentant Lambert à de Morval.

M. Lambert.

DE MORVAL, saluant.

Ah ! le notaire.

BEAUVOISIN.

Non... mon beau-frère...

DE MORVAL.

J'entends bien !... le notaire ! (Il se rassied.)

LAMBERT.

Pourquoi tant de précipitation, mon frère ? n'avez-vous pas le temps ? qui vous pressait ? Isaure est jeune...

BEAUVOISIN.

Nous y voilà ! Décidément vous êtes un terrible homme, mon frère. (A madame de Morval.) Monsieur le comte Leoni est sa bête noire... pourquoi ? il n'en sait rien.

LAMBERT.

Que vouliez-vous? cet homme excite chez moi une répulsion invincible... je le hais d'instinct.

BEAUVOISIN.

Il vous a sauvé la vie!...

LAMBERT.

Bah! j'ai dans l'idée que tout cela n'était qu'une comédie.

BEAUVOISIN.

Une comédie!... la haine vous aveugle!

LAMBERT.

Oui, je le hais et je le redoute. Il n'est pas franc d'allures; son existence doit cacher quelque honteux mystère; il tranche du gentilhomme, et, à bien l'examiner, on voit que c'est un rôle qu'il joue, et qu'il joue mal. Vous avez beau lever les épaules, mon frère, tout m'est suspect chez cet homme, tout, jusqu'à son nom; sa famille, dit-il, habite Sorente; eh bien! je me suis informé, et personne dans toute l'Italie n'a jamais entendu parler des Leoni.

MADAME DE MORVAL.

Voilà qui est bizarre, en effet!

BEAUVOISIN.

Mais ces titres, qui font foi de son extraction et de son origine?

LAMBERT.

Des titres!... la belle affaire!... Est-ce que Cartouche n'avait pas des papiers?

BEAUVOISIN.

Sabre de bois! mon frère! ce n'est plus de la malveillance, mais de la folie! Oser comparer le comte Leoni à Cartouche!

MADAME DE MORVAL, criant.

A Cartouche! oh!

LAMBERT, très-haut.

Je maintiens ce que j'ai dit.

DE MORVAL, s'approchant.

On ne dit donc plus rien?

BEAUVOISIN.

C'est trop fort! (A de Morval.) Allez vous rasseoir!...

SCÈNE V.

LES MÊMES, THOMAS, apportant une corbeille de mariage, puis ISAURE ET MADAME BEAUVOISIN.

BEAUVOISIN.

Qu'est cela?

THOMAS.

De la part de monsieur le comte Leoni.

MADAME DE MORVAL.

Une corbeille de mariage! Ah! voyons!...

LAMBERT.

Quant à moi, je ne signerai pas ce contrat; et puisque vous méprisez mes avertissements, je n'ai plus rien à faire ici. Bien le bonsoir!...

ISAURE.

Quoi! mon oncle, vous partez? vous m'abandonnez!

LAMBERT.

Je ne puis rien pour toi, ma pauvre enfant, tu le vois; je retourne à Lyon aujourd'hui même.

MADAME BEAUVOISIN.

Mon frère, vous ne nous ferez pas cette injure!

LAMBERT.

Je n'augure rien de bon de ce mariage, je n'y assisterai pas, c'est bien décidé.

MADAME BEAUVOISIN.

Mon frère!

ISAURE.

Mon oncle!

LAMBERT.

Non... non... ma présence est inutile ici... je ne pourrais peut-être me contenir, et j'aime mieux céder la place à monsieur le comte Leoni... Adieu! (Il sort.)

MADAME BEAUVOISIN, à son mari.

Retenez-le, mon ami.

BEAUVOISIN.

Sabre de bois! qu'il aille au diable! A-t-on jamais vu un pareil entêté!... Après tout, à son aise! nous nous passerons de lui... et pour lui prouver que j'ai du caractère, je vais faire dresser le contrat. Allons chez le notaire; monsieur de Morval, venez!

DE MORVAL.

Le dîner?... je suis prêt.

MADAME BEAUVOISIN.

Mon ami!...

BEAUVOISIN.

Je suis le maître, Madame, sabre de bois! et je prétends, malgré tout, faire le bonheur de ma fille! (Il sort avec de Morval.)

MADAME BEAUVOISIN, regardant Isaure.

Hélas! Dieu veuille que ce ne soit pas son malheur! (A Isaure.) Tu souffres, mon enfant?

ISAURE, tressaillant.

Moi, ma mère?... non!

MADAME BEAUVOISIN.

Ma cousine, en attendant le retour de ces messieurs, si vous désirez vous retirer chez vous?...

MADAME DE MORVAL.

Bien volontiers, j'ai hâte de quitter cette toilette de voyage.

MADAME BEAUVOISIN.

Je vais vous conduire moi-même. (Madame Beauvoisin sort avec madame de Morval.)

SCÈNE VI.

ISAURE, seule.

Mon bonheur!... Ah! tout mon bonheur est mort avec M. de Simiane... Pauvre Hector!... que m'importe maintenant ce que l'on fera de ma vie!... Mon père veut ce mariage, que ce mariage s'accomplisse donc!

SCÈNE VII.

ISAURE, THOMAS.

THOMAS.

Mademoiselle, il y a là une femme qui est entrée brusquement, en me disant de vous prévenir qu'elle avait à vous parler.

ISAURE.

Une femme!

THOMAS.

Elle dit que ce qu'elle a à vous communiquer est de la dernière importance, et qu'elle ne peut le dire qu'à vous seule.

ISAURE.

Mais, cette femme, la connaissez-vous?

THOMAS.

Dieu! merci, non, Mademoiselle; elle vous a un air farouche qui m'a quasi donné le frisson.

ISAURE.

Il fallait lui demander son nom.

THOMAS.

J'ai eu ce courage, Mademoiselle, elle n'a pas daigné me répondre.

ISAURE.

Qu'est-ce que cela signifie?...

THOMAS.

Faut-il la renvoyer, Mademoiselle?

ISAURE.

Non... faites-la entrer, je vais l'attendre dans ce pavillon.

THOMAS, à part.

Quelle imprudence!... recevoir une femme inconnue... qu'on ne connaît pas!... (Isaure lui fait un signe, il sort par la droite. — Isaure entre dans le pavillon. — Le décor change.)

Sixième tableau.

Un grand salon meublé richement, mais sans goût, style Louis XV; porte au fond, fenêtre.

—

SCÈNE PREMIÈRE.

ISAURE, MARGARITA, THOMAS.

ISAURE, à Margarita, qui entre suivi de Thomas.

Que me voulez-vous, Madame... quel est votre nom?...

MARGARITA, entrant.

Qu'importe mon nom! ce n'est pas de moi, mais de vous qu'il s'agit.

ISAURE, la regardant attentivement.

Ah!

MARGARITA, désignant Thomas.

Renvoyez cet homme.

THOMAS.

Quel aplomb! gardez-vous en bien, Mademoiselle, ne restez pas seule avec cette... (Margarita le regarde fixement. — Se reprenant.) demoiselle.

ISAURE, à Thomas.

Laissez-nous, Thomas.

THOMAS.

Comme il vous plaira, Mademoiselle... (A part.) Ma foi, j'aime autant cela; qu'est-ce que c'est, mon Dieu! que cette femme-là? (Il sort.)

SCÈNE II.

MARGARITA, ISAURE.

ISAURE.

Nous voici seules, qu'avez-vous à me dire?

MARGARITA.

Vous allez vous marier?

ISAURE, avec hauteur.

Plaît-il?

MARGARITA.

Avec le comte Leoni?

LAURE.

Que vous importe?

MARGARITA.

Oh! répondez-moi sans dédain, sans hauteur, comme si vous me connaissiez depuis longtemps, comme si j'étais votre amie, votre sœur.

ISAURE, à part.

L'étrange femme!

MARGARITA.

Donc, vous allez vous marier! aujourd'hui même... dans quelques minutes peut-être, et dans ce moment, sans doute, on rédige le contrat... suis-je bien informée?

ISAURE.

En effet... mais vous m'expliquerez...

MARGARITA.

Peut-être... si vous vous ouvrez à moi, franchement, sincèrement, sans détour, la voix ferme, le regard assuré, comme le sont ma voix et mon regard.

ISAURE.

Est-ce que ma voix tremble? est-ce que mon regard se baisse devant le vôtre?

MARGARITA.

Bien : j'ai confiance en vous, et je voudrais aussi vous inspirer toute confiance; la démarche que je tente près de vous est étrange, je le sais; mais il y va d'un intérêt si grand que je n'ai pas hésité à la faire.

ISAURE.

Je vous écoute.

MARGARITA.

Y a-t-il longtemps que vous connaissez le comte Leoni?

ISAURE.

Mais...

MARGARITA.

De grâce, répondez.

ISAURE.

Soit. Il y a deux mois, environ.

MARGARITA.

Et depuis ce temps, le comte s'est montré très-empressé, très-assidu, n'est-ce pas?

ISAURE.

J'en conviens.

MARGARITA.

C'est tout simple! vous êtes jeune, vous êtes belle, il vous aime!

ISAURE.

Mais enfin...

MARGARITA.

Oh! il vous aime, il vous aime, vous dis-je!... si vous en doutez, je le sais, moi!

ISAURE, avec surprise.

Ah!

MARGARITA.

Et vous, Mademoiselle, l'aimez-vous? (Silence.) Vous vous taisez?... Oh! je comprends, il est de ces aveux qu'une jeune fille ne peut pas faire... Mais, dites-moi, épousez-vous le comte Leoni de votre plein gré, librement, sans contrainte?

ISAURE.

Oui... de mon plein gré, librement, sans contrainte... Mais, à mon tour, je vous demanderai quel est votre but en m'adressant ces questions?

MARGARITA.

Mon but est de vous montrer l'abîme où vous vous précipitez follement; mon but est de vous épargner, au prix d'une douleur passagère, tout un avenir de honte, de désespoir et de tortures!

ISAURE, avec défiance.

En vérité! voilà une charité bien exemplaire! Ainsi donc, selon vous, le comte...

MARGARITA.

Le comte!... (A elle-même.) Voici une jeune fille sérieuse, intelligente, élevée au milieu du monde, habituée à lire sur tous les visages, et depuis deux mois cette jeune fille — que faisait-elle de son esprit et de ses yeux? — a pu se laisser abuser

chaque jour, à toute heure, par un homme indigne de son estime!

ISAURE.

Qu'osez-vous dire?

MARGARITA.

Si vous ne me croyez pas, interrogez votre mémoire, rappelez vos souvenirs. Il est impossible que vous n'ayez pas observé chez cet homme des choses étranges, inexplicables! Quoi! jamais une distraction, jamais une absence! Quoi! jamais un geste, jamais un regard, jamais un mot suspect, n'ont excité votre surprise et éveillé votre défiance?... En vérité, vous êtes bien aveugle... ou il est bien habile!

ISAURE, à part.

Son assurance me trouble malgré moi.

MARGARITA.

Vous n'avez jamais remarqué que de subites terreurs agitaient son âme, et que parfois, en vous parlant d'amour, il avait l'oreille aux écoutes, l'œil aux aguets?

ISAURE.

Mais, à ce compte, celui dont vous parlez serait un malfaiteur!

MARGARITA.

L'ai-je dit?

ISAURE.

Non, mais vous me direz ce qu'est cet homme, tout ce qu'il est, tout ce qu'il a fait.

MARGARITA, à part.

Grand Dieu! ce serait le perdre! et je ne veux pas sa mort, moi!

ISAURE.

Vous ne répondez pas?

MARGARITA, troublée.

Que puis-je ajouter de plus?

ISAURE.

Quoi! vous vous taisez! vous n'avez pas une preuve à me donner à l'appui de vos paroles? Quelle confiance voulez-vous que je vous accorde? Oh! je le vois, votre intérêt seul vous guide... Je sais lire sur les visages, dites-vous! Eh bien! voulez-vous que je vous dise ce que je vois, moi, sur votre visage et dans votre regard?

MARGARITA.

Que voyez-vous?

ISAURE.

Que vous aimez le comte... qu'il vous a aimée peut-être, puis délaissée... trahie... que sais-je!... et que vous vous vengez de lui en cherchant à le perdre dans l'esprit d'une rival

MARGARITA.

Quand cela serait?

ISAURE.

Vous l'avouez? quoi! vous seriez jalouse d'un malfaiteur!... mais alors quelle femme êtes-vous donc?

MARGARITA.

Je suis ce que la nature et le hasard m'ont faite, et quand j'ai tenté de vous convaincre, je raisonnais selon vos idées, non selon les miennes; pour penser et sentir comme moi, êtes-vous née comme moi sur la terre nue, d'une mère expirant d'inanition et de désespoir? avez-vous, comme moi, grandi au milieu d'une troupe de proscrits, dans des rochers sauvages, les pieds dans la neige, le front fouetté par la bise? Avez-vous, comme moi, souffert de la faim et de la soif, et pendant vingt ans d'une vie maudite, déchiré vos pieds à toutes les ronces du chemin, froissé votre cœur à tous les mépris des hommes? Vous n'avez connu de la vie que ses enchantements et ses délices; je n'en ai connu, moi, que les angoisses et les misères... Vous riiez quand je pleurais, vous chantiez quand je gémissais; quand je blasphémais vous glorifiiez Dieu!... Vous voyez bien que nous ne sommes ni du même sang ni de la même race; que nous ne pouvons avoir ni les mêmes sentiments ni les mêmes opinions; ce qui est pour vous la vérité, est pour moi le mensonge : j'ai mes préjugés, vous avez les vôtres... gardez-les, je les dédaigne et ne les envie pas!

ISAURE.

Vous m'attirez et vous me repoussez tout à la fois; j'ai pitié de vous, et vous me faites peur!

MARGARITA.

Cela doit être : vous haïssez ce que j'aime, et moi j'aime ce que vous haïssez... seulement, il y a en nous cette différence, et il m'est permis d'en être fière! c'est que je n'aime ni ne hais à moitié, et que mon amour est vivace et constant comme ma haine!

ISAURE.

Que voulez-vous dire?

MARGARITA.

Je laisse aux filles des villes, moi, libre enfant des montagnes et des bois, ces dévouements tièdes et ces attachements éphémères, qui s'épuisent aussi facilement qu'ils naissent, et qui se portent d'un objet à un autre sans regret comme sans effort.

ISAURE.

Si c'est à moi que vous faites allusion...

MARGARITA.

Et qui donc avait juré à M. de Simiane un attachement éternel ?

ISAURE.

Quoi! vous savez?

MARGARITA.

Ah!... A mon tour je dirai : Vous l'avouez, enfin!

ISAURE.

Dieu m'est témoin que la mort seule a pu rompre les liens qui m'unissaient à M. de Simiane.

MARGARITA.

La mort seule, dites-vous?

ISAURE.

Oui, la mort.

MARGARITA.

De sorte que si M. de Simiane vivait encore...

ISAURE.

S'il vivait!... mais à quoi bon ces puériles et douloureuses suppositions!...

MARGARITA, avec anxiété.

Vous avez dit : s'il vivait...

ISAURE.

Taisez-vous! taisez-vous!

MARGARITA.

Ai-je bien compris votre pensée? ne m'abusé-je pas? Isaure! si M. de Simiane vivait encore, seriez-vous bien résolue à ne jamais appartenir à un autre?

ISAURE.

Certes!... je le jure !

MARGARITA.

Eh bien!... Mais non, vous ne me croiriez pas!...

ISAURE.

Grand Dieu!... parlez! parlez!

MARGARITA.

Différez ce mariage de quelques heures!

ISAURE.

Pour quel motif? Au nom du ciel, expliquez-vous!

MARGARITA.

Deux heures au moins!... oui, il me faut bien deux heures, et encore ne suis-je pas certaine de réussir.

ISAURE.

Oh! mon Dieu! qu'allez-vous donc tenter ?

MARGARITA.

C'est mon secret... un secret terrible! qui me tuera peut-être !

ISAURE.

Vous m'épouvantez!

MARGARITA, écoutant.

On vient?...

ISAURE, regardant par la porte du fond.

Le comte Leoni !...

MARGARITA.

Grand Dieu ! qu'il ne me voie pas ici !

ISAURE, la poussant vers une petite porte du fond.

Là!... au fond de ce corridor... un escalier dérobé... mais, au moins, dites-moi...

MARGARITA.

Deux heures!... Dans deux heures vous saurez tout! (Elle sort.)

SCÈNE III.

MANDRIN, ISAURE.

MANDRIN.

Vous êtes seule, Isaure?

ISAURE.

Seule... oui, Monsieur.

MANDRIN.

J'avais cru entendre... il me semblait que vous parliez à quelqu'un...

ISAURE.

Vous vous êtes trompé.

MANDRIN, l'observant avec attention.

Ce trouble, cette pâleur... Isaure, vous me cachez quelque chose.

ISAURE, même jeu.

Non... en vérité... un secret pour vous! est-ce que vous pourriez en avoir pour moi?

MANDRIN.

Allons, je vous crois... mais, voyez-vous, je vous aime tant, mon Isaure, que la moindre altération de ce charmant visage me chagrine et m'effraie.

ISAURE.

Veuillez m'excuser!... les émotions de cette journée. J'étais si peu préparée...

MANDRIN.

C'est vrai, votre père se faisait une joie de votre surprise, et moi aussi, je l'avoue... me serais-je trompé?

ISAURE.

Que vous répondre!

MANDRIN.

Tant de froideur m'étonne à mon tour. Est-ce bien vous, Isaure, qui me parlez ainsi? à moi, votre fiancé; à moi, qui dans quelques instants serai votre époux.

ISAURE.

Dans quelques instants!... oh! non! c'est impossible!...

MANDRIN.

Impossible!... quel obstacle imprévu?...

ISAURE.

Monsieur... si vous m'aimez, comme vous le dites, comme je le crois... vous m'accorderez, je l'espère, le temps de me recueillir...

MANDRIN.

Isaure, regardez-moi bien en face!... Vous vous troublez!... je ne puis en douter, Isaure, il se passe en vous quelque chose d'indéfinissable...

ISAURE.

Que voulez-vous dire?

MANDRIN.

Vous avez un motif... un motif que vous ne voulez pas me confier, pour différer ce mariage, auquel vous consentiez ce matin.

ISAURE.

Quel motif pouvez-vous me supposer?

MANDRIN.

Le sais-je? mais, ce que j'affirme avec certitude, c'est qu'aujourd'hui même, il n'y a qu'un instant peut-être, il s'est passé ici quelqu'événement étrange.

ISAURE, à part.

Oh! qu'il ne soupçonne pas ! (Haut.) Vous vous trompez, Monsieur, et la preuve, c'est que je n'insiste plus... Je ne vous demande que le temps strictement nécessaire pour paraître aux yeux de nos amis, et aux vôtres, dans une toilette plus convenable. (Elle entre dans sa chambre.)

SCÈNE IV.

MANDRIN, puis THOMAS.

MANDRIN, la suivant du regard

Il y avait quelqu'un avec elle, j'en suis sûr maintenant! (Il sonne vivement. Thomas paraît.)

THOMAS.

Monsieur a sonné?

MANDRIN.

Avec qui causait mademoiselle Isaure, un peu avant mon arrivée?

THOMAS, avec défiance.

Mademoiselle ne l'a pas dit à Monsieur?

MANDRIN.

Non.

THOMAS.

Alors, je ne sais pas.

MANDRIN, furieux.

Drôle!...

THOMAS, indigné.

Comment! drôle!...

MANDRIN, tirant un pistolet de sa poche.

Réponds! ou je te casse la tête !

THOMAS, tombant à genoux.

Miséricorde! (A part.) Dieu tout-puissant! ayez pitié de moi !

MANDRIN.

Il y avait quelqu'un ici, n'est-ce pas?

THOMAS, tremblant.

Oui... (A part.) Peut-on jouer avec des armes comme ça !

MANDRIN.

Quelqu'un que tu connais?

THOMAS.

Dieu merci, non!... voilà une gaillarde! elle avait des yeux... et une mine farouche!... Sauf votre respect, monsieur le comte, j'ai eu l'idée que ça devait être la femme de Mandrin.

MANDRIN.

Des cheveux noirs?

THOMAS.

Et la peau de la couleur de ses cheveux.

MANDRIN.

Un costume italien?

THOMAS.

Un costume sauvage... oui Monsieur.

MANDRIN.

Qu'est-elle devenue?

THOMAS.

Je l'ai vue traverser la petite cour qui donne sur la campagne. Elle courait comme si elle avait eu le diable à ses trousses!

MANDRIN, lui jetant une bourse.

Tiens! voilà pour tes renseignements, va-t-en, et pas un mot de tout ceci!

THOMAS, à part.

Diable d'homme! il a une manière de vous interroger!... (Faisant sauter la bourse.) Il a du bon, cependant! il a du bon!

SCÈNE V.

MANDRIN, seul.

Margarita! c'est plus sérieux que je ne pensais; j'aurai dû me méfier de la jalousie de cette femme! Qu'a-t-elle pu dire à Isaure? mon nom, peut-être! elle n'aurait pas osé? en me perdant elle se perdrait elle-même... puis j'aurais trouvé Isaure plus abattue, plus épouvantée. Non, quelques insinuations, sans doute, quelques vagues avertissements... N'importe, plus que jamais il faut hâter la conclusion de ce mariage! Une fois Isaure entre mes mains, je mets le ciel et l'enfer au défi de me l'arracher! (Apercevant M. Beauvoisin, de Boissec et un notaire.) Le notaire, enfin!

SCÈNE VI.

MANDRIN, BEAUVOISIN, DE BOISSEC, LE NOTAIRE, M. DE MORVAL.

BEAUVOISIN, à la cantonade.

Thomas, prévenez votre maîtresse ainsi que M. et Madame de Morval. (Au notaire, indiquant la table.) Mettez-vous là, monsieur le notaire. (A Mandrin.) Bonjour, mon gendre, où est donc votre fiancée?

MANDRIN.

Mademoiselle Isaure est dans sa chambre; elle termine sa toilette, je présume. (Bas au marquis.) Margarita est venue ici.

DE BOISSEC, de même.

Diable! et dans quel but?

MANDRIN.

Je ne sais.

DE BOISSEC.

A tout événement, j'ai embusqué quelques-uns de nos hommes dans le voisinage.

MANDRIN.

Bonne précaution, qui ne sera peut-être pas inutile.

DE BOISSEC.

Un coup de pistolet par cette fenêtre, ils seront ici.

MANDRIN.

C'est bien, mais il faut en finir promptement; presse le notaire. (De Boissec va se placer près du notaire et lui classe ses papiers.)

SCÈNE VII.

LES MÊMES, MADAME DE MORVAL, INVITÉS.

MADAME DE MORVAL.

Ces dames vont venir dans un instant.

BEAUVOISIN, présentant Mandrin.

Monsieur le comte Leoni, mon gendre... madame de Morval... monsieur de Morval, ancien conseiller au parlement de Grenoble.

DE MORVAL, criant.

C'est votre gendre?

BEAUVOISIN, de même.

Oui.

DE MORVAL, criant.

Vous l'appelez?

BEAUVOISIN.

Le comte Leoni.

DE MORVAL, criant.

Le comte Tripoli! j'entends bien! il a l'air d'un bien honnête homme! (Il s'assied dans un coin et s'endort peu à peu.)

DE BOISSEC, bas à Mandrin.

A quoi pensez-vous donc, capitaine? vous êtes homme du monde; que diable! allons, un madrigal à la cousine!

MANDRIN, à madame de Morval.

Permettez-moi, Madame, de me féliciter comme d'un surcroît d'honneur, de la bonne fortune qui me donne en vous une si aimable parente!

DE BOISSEC.

Très-bien, ventre de biche!

MADAME DE MORVAL, à Beauvoisin.

Savez-vous qu'il est charmant!

BEAUVOISIN.

N'est-ce pas? quel dommage seulement qu'il ne soit pas un peu de la bande à Mandrin.

MANDRIN ET DE BOISSEC, se retournant vivement.

Hein!

BEAUVOISIN.

Ah! c'est juste; vous n'êtes pas au courant, vous ne savez pas que ma chère cousine a un dada, une idée fixe : c'est d'entreprendre la conquête d'un brigand... mais là, d'un brigand à tous crins... d'un bandit de sac et de corde.

MADAME DE MORVAL, riant.

Mauvais plaisant.

DE BOISSEC, riant.

Et le comte a plu tout de suite à Madame! (A Mandrin.) Ventre de biche! cela donne à penser; savez-vous que je ne suis plus sûr de vous, mon cher!

MANDRIN, bas.

Dis donc, si tu parlais d'autre chose.

MADAME DE MORVAL.

Ah! voici enfin notre jeune mariée!

SCÈNE VIII.

LES MÊMES, ISAURE, MADAME BEAUVOISIN.

BEAUVOISIN.

Isaure, enfin! nous n'attendions que vous, ma fille.

MADAME BEAUVOISIN.

Cette pauvre enfant était si troublée, que sans moi elle n'aurait pu achever sa toilette.

ISAURE, à part, regardant la pendule.

Le délai est écoulé!.. Cette femme m'aurait-elle trompée?.. (On s'assied.)

DE BOISSEC, sur un geste d'impatience de Mandrin.

Monsieur le notaire, voulez-vous lire ces actes?

MANDRIN.

A quoi bon les lire?... N'en connaissons-nous pas tous la teneur?..

BEAUVOISIN.

Mon gendre a raison... (Au notaire.) Monsieur le tabellion, faites-nous grâce de votre affreux grimoire.

ISAURE, vivement.

Cependant, mon père, si c'est l'usage...

LE NOTAIRE.

Usage dont on se dispense souvent dans la pratique, Mademoiselle.

DE BOISSEC.

En ce cas, procédons, et vivement. Allons, comte, une bonne signature!

MANDRIN, vivement.

Ah!.. de grand cœur! (Il va à la table et signe. Pendant ce temps, Isaure se lève en chancelant; sa mère l'embrasse, et son père, lui prenant la main, la conduit à Mandrin qui vient au-devant d'elle.) A vous, Mademoiselle...

ISAURE, après avoir prêté l'oreille.

Rien!..

MADAME BEAUVOISIN.

Oh! mon Dieu! comme elle est pâle!

MANDRIN, bas à Isaure.

Isaure! on vous observe!..

ISAURE, écoutant toujours.

Rien! allons!.. mon sort est décidé!..

BEAUVOISIN.

Voyons, ma fille, un peu de courage! on ne veut que ton bonheur, que diable!

ISAURE.

Mon bonheur! (Mandrin lui présente la plume. — A de Boissec.) Où faut-il signer, Monsieur?..

DE BOISSEC.

Là!.. là!.. Mademoiselle.

MANDRIN, à part.

Enfin! (Bruit dans la coulisse.)

ISAURE, sur le point de signer; elle reste immobile, l'oreille aux aguets.

J'entends du bruit... des pas précipités...

MANDRIN, lui saisissant la main avec impatience.

Mais, signez donc, Mademoiselle!

ISAURE, jetant la plume.

Non, je ne signerai pas ! (En ce moment la porte s'ouvre, et M. de
Simiane se précipite sur la scène.)

SCÈNE IX.

LES MÊMES, DE SIMIANE, DRAGONS, puis MARGARITA.

DE SIMIANE.

Arrêtez !

ISAURE, se précipitant vers lui.

Hector !

MONSIEUR ET MADAME BEAUVOISIN.

Monsieur de Simiane !

MANDRIN.

De Simiane ! vivant !

DE BOISSEC.

Tout est perdu !

DE SIMIANE, à Beauvoisin.

Savez-vous quel est l'homme que vous donniez pour époux à
votre fille ?

MANDRIN.

Tais-toi !

DE SIMIANE.

Cet homme, c'est Mandrin !..

TOUS.

Mandrin !

ISAURE, s'évanouissant.

Je me meurs !

BEAUVOISIN.

Mandrin !.. Mandrin, mon gendre !..

MANDRIN.

Eh bien ! oui ! ce nom d'emprunt sous lequel vous m'avez
connu, je l'arrache comme on arrache un masque ; le comte
Leoni a disparu, mais à sa place se dresse un homme sans
puissant, et devant qui s'inclinent les plus fiers courages !..
Mandrin !!! Isaure, ce n'est plus un amant timide et respectueux que vous avez devant vous, c'est un maître !.. Je ne prie
plus, je commande... je ne demande plus, je prends !... et
malheur à qui osera me résister !.. (A de Boissec.) Marquis, le
signal !

BEAUVOISIN.

Le marquis ! lui aussi il en était !

THOMAS.

Il en était !

DE BOISSEC, tirant un coup de pistolet par la fenêtre.

Ne vous effrayez pas, belles dames, ce n'est qu'un signal !
(Tout le monde pousse un cri.)

DE MORVAL, se réveillant en sursaut, à Beauvoisin.

Dieu vous bénisse, cousin.

SIMIANE.

Ne craignez rien, leurs bandits ne viendront pas !

MANDRIN.

Qui te l'a dit ?

DE SIMIANE.

Voici des gens qui pourront vous donner de leurs nouvelles !

MANDRIN, tirant son épée.

Eh bien ! défendons-nous, marquis ! (Une troupe de dragons entre
en scène.—Mandrin et de Boissec veulent se défendre, mais ils sont terrassés
par les dragons qui arrivent par la fenêtre. — Au moment du combat, Thomas s'est glissé sous la table.)

MADAME DE MORVAL.

Ne les tuez pas ! ne les tuez pas ! Ils m'appartiennent ! celui-
ci surtout... Mandrin !... Enfin, je connais Mandrin !..

DE BOISSEC, à de Simiane.

Je suis gentilhomme, Monsieur ; j'ai droit à des égards !

DE SIMIANE.

C'est juste. Qu'on lui mette les menottes, et qu'on double
son escorte !

MANDRIN.

Trahi ! je suis trahi !

MARGARITA, qui s'est approchée, couverte d'une cape, mêlée à la foule.

La trahison appelle la trahison, Mandrin !

MANDRIN, la reconnaissant.

Margarita ! c'était elle !

DE SIMIANE, aux dragons.

Marchons, Messieurs !

DE BOISSEC, aux dragons.

Suivez-moi, ventre de biche !

MANDRIN, se levant.

Isaure, vous me reverrez !.. et ce jour-là, Mandrin ne sera
pas prisonnier... il sera libre, il sera votre maître !.. (On les entraîne. Au moment où ils vont sortir, Thomas passe la tête sous la table, et
tire Beauvoisin par la jambe.)

THOMAS.

Monsieur... sont-ils partis ?

BEAUVOISIN, poussant un cri de frayeur, et se laissant choir sur Thomas.

Ah !.. imbécile ! tu m'as presque fait peur !..

Quatrième acte. — Septième tableau.

Intérieur d'un cachot. — Le décor est divisé en deux compartiments :
d'un côté, un corps de garde précédant le cachot, de l'autre, le cachot avec une fenêtre au fond. — Une porte communique d'une
pièce à l'autre.

SCÈNE PREMIÈRE.

MANDRIN, DE BOISSEC, UN GEOLIER, UN BRIGADIER DE
LA MARÉCHAUSSÉE.

(Mandrin et de Boissec sont couchés sur la paille et attachés par le milieu du
corps à des chaînes de fer scellées dans la muraille. Le geôlier et le brigadier sont dans le premier compartiment.)

LE BRIGADIER, au geôlier.

Ces murs sont solides ?

LE GEOLIER.

Trois pieds d'épaisseur, brigadier.

LE BRIGADIER, examinant la fenêtre.

Quarante pieds de hauteur... ces barreaux sont bien scellés !..
ces chaînes sont neuves, cette porte est garnie de lames de fer...
C'est bien, vous veillerez constamment à cette porte ; en outre
un piquet de quatre hommes restera jour et nuit au bout de ce
corridor, prêt à vous donner main-forte en cas de besoin. (Aux
prisonniers.) Vous voyez que toute tentative d'évasion serait inutile...

DE BOISSEC.

Ce serait folie d'y songer.

LE BRIGADIER.

En tout cas, cela pourrait vous coûter cher... mes ordres
sont formels : feu, à la moindre alerte !

DE BOISSEC.

Diable ! n'allez pas faire de mauvais rêves, brigadier.

LE BRIGADIER, au geôlier qui referme la porte.

Vous ne laisserez pénétrer dans ce cachot que les personnes
munies d'un laissez-passer de M. le lieutenant criminel.

LE GEOLIER.

Il suffit. (Ils sortent.)

SCÈNE II.

MANDRIN, DE BOISSEC.

DE BOISSEC.

Dites donc, capitaine, on nous traite en prisonniers d'importance. Quel luxe de précautions !

MANDRIN.

Depuis un mois qu'on nous traîne de prison en prison, au-
cune nouvelle d'Isaure ! Avoir fait naufrage au port !... avoir
échoué au moment où je touchais le but.

DE BOISSEC.

C'est triste, mais ce n'est pas ma faute, je vous ai toujours
dit de vous défier de l'Italienne.

MANDRIN.

Margarita ! ah ! je me vengerai.

DE BOISSEC.

Tu parles de vengeance, Mandrin, tu oublies que nous avons
en perspective un procès criminel, c'est-à-dire : la question or-
dinaire, et extraordinaire, une condamnation inévitable, la mort
sur l'échafaud, et quelle mort ! la mort par la roue, une mort
lente, horrible et de mauvais goût, une mort canaille ! Tu oublies que nous sommes prisonniers, chargés de chaînes !

MANDRIN, avec un sourire de mépris.

Crois-tu donc que ce sont ces chaînes qui m'embarrassent ?

DE BOISSEC.

Peste ! j'avoue que pour ma part elles me gênent outrageuse-
ment, et que j'aimerais mieux autour de ma taille une guir-
lande de fleurs ou les bras caressants d'une jeune beauté que
cette ceinture de fer.

MANDRIN.

Il y a six mois, je fus arrêté ; faute de prison sûre, on m'avait
descendu dans un puits desséché avec des fers aux pieds et aux
mains. On avait recouvert le puits d'une pierre énorme que dix
hommes avaient eu peine à transporter, et, pour surcroît de
précautions, deux soldats de la maréchaussée s'étaient assis sur
cette pierre, la carabine à l'épaule, le sabre au côté !.. au bou'

de dix minutes, j'avais brisé mes fers, au bout d'une heure j'avais arraché le parois du puits, j'avais percé un trou assez grand pour y passer mon corps, et pénétrer dans la cave de la maison voisine... Deux heures après j'étais libre !

DE BOISSEC.

Oui, je le sais; mais tu ne m'as jamais dit par quel miracle...

MANDRIN.

Le miracle?... c'est une force physique à laquelle rien ne résiste, une volonté qui ne recule devant aucun obstacle, devant aucun moyen.

DE BOISSEC.

Alors tu pourrais briser tes fers?

MANDRIN.

Aussi acilement que tu peux rompre cette paille.

LE BOISSEC.

Pourquoi ne l'as-tu pas déjà fait?

MANDRIN.

A quoi bon? n'as-tu pas entendu? des hommes armés veillent derrière cette porte, ce cachot est entouré d'autres cachots, cette fenêtre est à quarante pieds du sol... et puis, te l'avouerai-je, je suis las de la vie !

DE BOISSEC.

Vous êtes bien dégoûté!.. et vous laisserez votre rival en possession d'Isaure, de votre fiancée?..

MANDRIN, tressaillant.

Isaure !

DE BOISSEC.

As-tu entendu le cri de joie qu'elle a poussé en le voyant apparaître? As-tu vu avec quelle ivresse elle s'est précipitée dans ses bras?..

MANDRIN.

Tais-toi! tais-toi !

DE BOISSEC.

Et lorsque cet homme t'a jeté insolemment ton nom à la face, as-tu vu avec quelle horreur elle s'est éloignée de toi?

MANDRIN.

Encore une fois, tais-toi!

DE BOISSEC.

Et lorsque vous alliez vous élancer l'un sur l'autre, la menace dans les yeux, la mort dans les mains, as-tu vu comme elle l'a protégé de son corps?

MANDRIN.

C'est vrai! c'est vrai!

DE BOISSEC.

Et tu ne te vengerais pas de ses mépris? et tu la laisserais tranquillement aux bras d'un autre!

MANDRIN.

Ah! si j'avais un moyen de sortir de cette prison!..

DE BOISSEC.

Le hasard nous en fournira un, peut-être... es-tu décidé à le saisir?...

MANDRIN.

Oui!... je vivrai pour la vengeance !

DE BOISSEC.

On vient...

MANDRIN.

Silence ! (Ils se recouchent.)

SCÈNE III.

Les mêmes, MADAME DE MORVAL, THOMAS, LE GEOLIER.

MADAME DE MORVAL, au geôlier, dans le premier compartiment.

Voici le laissez-passer de M. le lieutenant criminel pour moi, un domestique et une jeune fille qui m'accompagnent.

LE GEOLIER.

Entrez!

MADAME DE MORVAL, au geôlier.

J'ai laissé mes gens à la geôle, j'aurai peut-être besoin d'eux tout à l'heure.

LE GEOLIER, ouvrant la porte du deuxième compartiment.

On les préviendra, Madame.

MADAME DE MORVAL, entrant.

Les voici !... les infortunés!... (Le geôlier referme la porte sur elle.)

DE BOISSEC.

Madame de Morval!...

MANDRIN.

Puis-je savoir, Madame, quel motif vous amène dans notre prison?

MADAME DE MORVAL.

Quel motif? l'amour du prochain, mon enfant!... Aussitôt votre... accident, je me suis rendue chez monsieur le lieutenant criminel, mon parent, pour lui demander la faveur d'être admise auprès de vous; il me l'a accordée, avec difficulté, je dois le reconnaître, mais enfin il me l'a accordée... Allons, monsieur

de Mandrin, écoutez-moi avec un peu d'intérêt, ayez confiance en moi... Que je voudrais avoir assez de persuasion pour vous faire abjurer vos erreurs passées et goûter la joie de vous amener par le repentir, à entrevoir au delà des misères de cette vie le trésor des félicités célestes !

DE BOISSEC.

Ouf!

MANDRIN, brusquement.

Madame, vous savez où est Isaure... que fait-elle?... m'a-t-elle pardonné ?

MADAME DE MORVAL.

Détachez vos pensées des... choses terrestres...

MANDRIN.

Répondez-moi, Madame, si vous ne voulez m'entendre blasphémer !...

MADAME DE MORVAL.

Arrêtez! Isaure est partie pour Lyon avec ses parents.

MANDRIN.

Pour Lyon !... et monsieur de Simiane est parti avec elle ?

MADAME DE MORVAL.

Non... il doit la rejoindre dans cette ville; mais que vous importe...

MANDRIN, à part.

Plus de doute! plus de doute! cet homme épousera Isaure!

MADAME DE MORVAL.

Pauvre cher ami! pauvre brebis égarée! si vous saviez comme mon cœur saigne de vous voir si peu de résignation et de patience!

MANDRIN.

Au diable !... il me faut la liberté!

MADAME DE MORVAL.

Hélas! je ne puis vous la donner. Tout ce que je puis faire pour vous, c'est de vous procurer quelques friandises... et des conseils salutaires.

DE BOISSEC.

Oh ! Madame, tout ce qui vient de vous est excellent!

MADAME DE MORVAL, avec joie.

Vous acceptez !

DE BOISSEC.

Les friandises... oui.

MADAME DE MORVAL, courant au guichet.

Allez chercher mes gens, qu'ils viennent avec les provisions... allez!

DE BOISSEC.

A la bonne heure, Madame, vous, au moins, vous connaissez le cœur humain. Vous n'ignorez pas qu'on prend plus de mouches avec du miel qu'avec du vinaigre... et je ne vous cache pas qu'en ce moment du miel me fera't grand plaisir, surtout si on l'accompagnait d'un peu d'eau-de-vie et de tabac.

MADAME DE MORVAL.

Il y en aura, pauvres agneaux! il y en aura!... mais puisque nous sommes si près de nous entendre, faites-moi une dernière concession avant de mourir... je vous la demande du fond de mon cœur!

DE BOISSEC.

Avant de mourir... peste!... Voyons, de quoi s'agit-il, charmante dame?

MANDRIN.

Parlez!

MADAME DE MORVAL.

On m'a affirmé que vous vous étiez refusés jusqu'ici à recevoir les secours spirituels.

MANDRIN.

C'est vrai.

MADAME DE MORVAL.

Eh bien! acceptez mon directeur... c'est moi qui vous l'offre... une parole entraînante, vous verrez, et puis un homme charmant... vous l'aimerez tout de suite... il fait des miracles... Tenez, hier encore sa voix a persuadé une pauvre fille abandonnée que j'ai prise à mon service... par compassion... et qui m'a même accompagnée dans cette prison... c'est là un exemple!... Vous allez voir cette malheureuse créature... son histoire est bien intéressante... mon directeur vous la racontera si vous m'autorisez à vous l'amener... je lui ai donné rendez-vous dans le cabinet du gouverneur, et si vous voulez...

SCÈNE IV.

Les mêmes, THOMAS, LE GEOLIER, MARGARITA.

LE GEOLIER.

Madame, voici les provisions.

MADAME DE MORVAL.

Être interrompue par ces misérables détails au moment...

DE BOISSEC.

Faites entrer les misérables détails.

LE GEOLIER, à la cantonade.

Allons, venez, vous autres. (On voit entrer dans le premier compartiment Thomas chargé d'un panier, il est suivi de Margarita portant un pain et une bouteille.)

MADAME DE MORVAL, à Thomas.

Mettez tout cela sur cette table.

THOMAS, à lui-même.

Des viandes rôties ! des pâtes d'abricots! de la Chartreuse ! de la Chartreuse pour de pareils coquins!

MADAME DE MORVAL.

Eh bien?

THOMAS.

Voilà, Madame, voilà! (A part, en fourrant un flacon dans sa poche.) Faut-il être bête, mon Dieu, pour se conduire en honnête homme!

MADAME DE MORVAL, lui montrant de Boissec.

Servez monsieur le marquis.

THOMAS, à part.

Et il faut que je je lui donne la becquée à ce gredin-là! oh!

DE BOISSEC, la bouche pleine.

Madame... à la vue de... de vos procédés... je me sens tout attendri...

MADAME DE MORVAL.

Serait-il possible ? consentirez-vous enfin à recevoir mon...

MANDRIN, avec impatience.

Eh! Madame!... (Apercevant Margarita.) Ah !...

MADAME DE MORVAL.

Qu'avez-vous?

MANDRIN.

Madame... c'est là cette jeune fille... que vous avez recueillie ?

MADAME DE MORVAL.

Elle-même. Je voudrais que vous entendissiez le récit merveilleux de sa conversion de la bouche de mon directeur...

MANDRIN.

Soit. Madame... allez le chercher.

MADAME DE MORVAL.

Est-ce bien possible!

DE BOISSEC.

Et n'oubliez pas, Madame, que vous m'avez promis quelques douceurs... pour faire passer la morale.

MADAME DE MORVAL.

C'est juste... venez avec moi, Thomas, Margarita servira ces Messieurs. (Au geôlier.) Je veux que tout le monde ici se ressente de la joie pure qui inonde mon âme... (Leur donnant de l'argent.) Voici pour boire à ma santé... Ces chers enfants! qu'ils ne manquent de rien, n'est-ce pas?... Je reviens! je reviens!

THOMAS, sortant.

Quand je pense que j'ai brossé les habits de ces coquins-là... quelle humiliation! (On voit Thomas et madame de Morval traverser le premier compartiment où les geôliers et quelques soldats de la maréchaussée s'attablent et se mettent à boire.)

SCÈNE V.

MARGARITA, MANDRIN, DE BOISSEC, GEOLIERS ET SOLDATS,
dans le premier compartiment.

MARGARITA, écoutant.

Ils s'éloignent... mais les soldats sont toujours là... de la prudence !

MANDRIN, à voix basse.

Margarita !... ah ! je comprends!... tu t'es dit : Mandrin est homme hardi et habile, je le connais; il a des ruses pour tromper tous les geôliers, des ongles de fer pour user toutes les murailles. En ce moment peut-être il a déjà la moitié du corps hors de son cachot; il faut voir cela... une évasion!... Diable! cela pourrait être dangereux pour certaines gens!... et tu es venue, Margarita, et tu regardes mes mains garottées, mon corps enchaîné, ces barreaux scellés dans la muraille, ces pierres intactes, et tu te dis : Je suis tranquille, Mandrin ne s'échappera pas, cette fois, et dans quelques jours, je pourrai le voir monter sur l'échafaud et savourer tranquillement ma vengeance ! (Brisant ses fers d'un effort convulsif et se dressant debout devant elle.) Tu te trompes, Margarita !... Mandrin brise ses fers, et de ses fers brisés il se fait une arme dont il frappe les traîtres!

MARGARITA, calme.

Écoute-moi d'abord... tu me tueras ensuite si bon te semble!

LE BRIGADIER, triuquant avec les soldats.

A votre santé, camarades!

MARGARITA.

Je viens te sauver !

MANDRIN.

Toi !

DE BOISSEC.

Oh ! l'excellente créature !

MANDRIN.

Mais n'est-ce pas toi qui m'as jeté dans ce cachot?

MARGARITA.

Depuis la disparition de M. de Simiane, ses dragons étaient en campagne pour retrouver leur chef, pouvais-je deviner qu'ils devaient ce jour-là même rentrer à La Côte-Saint-André?

MANDRIN.

Mais cet officier maudit... j'avais, moi, ordonné sa mort... qui donc m'a désobéi?

MARGARITA.

C'est moi... et sais-tu pourquoi j'ai sauvé M. de Simiane?... c'est que j'avais prévu ce qui est arrivé, c'est que j'avais pressenti que M. de Simiane vivant, tu n'épouserais pas Isaure, et que je ne voulais pas, moi, que ce mariage s'accomplît.

MANDRIN.

Tu oses me dire cela, à moi !

MARGARITA.

Maintenant que ce mariage est à jamais impossible, maintenant que j'ai obtenu ce que je voulais, je te dis : Mandrin je t'apporte la liberté, la veux-tu?

MANDRIN.

La liberté !... Oh! si tu dis vrai, Margarita; si tu as réellement le pouvoir de faire tomber devant moi les portes de cette prison, eh bien! j'oublierai tout, ta désobéissance, ta trahison !.. je te pardonnerai!

MARGARITA, avec tristesse.

Tu ne me pardonneras pas, Maudrin, et tu me tueras !.. Oui! un pressentiment... et tu sais si les miens me trompent... un pressentiment fatal me dit que c'est par toi que je mourrai !... N'importe !... sois libre, et que mon sort s'accomplisse!

MANDRIN.

Quel est ton moyen?

MARGARITA.

D'abord, ce pain... cette bouteille..

MANDRIN.

Arrête !... tu me trahis encore, j'en suis sûr !

MARGARITA.

Que veux-tu dire?

MANDRIN.

Ce vin est empoisonné !...

MARGARITA, poussant un cri.

Ah ! le malheureux! (Thomas et le geôlier entrent dans le cachot. — Au bruit de leurs pas, Mandrin reprend vivement sa première position et rajuste les débris de sa chaine.)

SCÈNE VI.

LES MÊMES, THOMAS, LE GEOLIER.

THOMAS.

Brigands! voici de l'eau-de-vie et du tabac que madame la conseillère vous envoie. Quel malheur! mon Dieu ! quel malheur!

MANDRIN, au geôlier.

Voyez donc comme cette jeune fille est pâle... c'est le besoin, peut-être... faites-lui donc prendre un peu de ce vin et un morceau du pain qu'elle apporte...

LE GEOLIER.

Du pain... du vin... Voyons!...

THOMAS, débouchant la bouteille et en tirant une échelle de soie.

Une échelle de soie!...

LE GEOLIER, brisant le pain.

Un poignard!

MANDRIN, lui arrachant le poignard et le renversant sous son genou.

Tu es mort ! (Il le poignarde.)

MARGARITA, appliquant sa main sur la bouche de Thomas.

Silence !

MANDRIN, à Margarita en lui donnant le poignard.

Je t'accusais... Margarita... pardon !

MARGARITA, le poignard levé sur Thomas.

Sauve-toi !... là, dans le pain, un ressort d'acier pour les barreaux...

MANDRIN.

Inutile !... la main qui a brisé ces fers pourra bien ployer ces barreaux.

DE BOISSEC.

Et moi, capitaine... vous m'oubliez!

MANDRIN.

Attends! (Il brise les chaînes de Boissec, et va à la fenêtre.)

LE BRIGADIER, du premier compartiment.

Ça va-t-il bien là-dedans, vous autres?...

MARGARITA, bas, à Thomas, le menaçant.

Réponds!

THOMAS.

Merci!... pas mal, et vous?

LE BRIGADIER.

Avez-vous bientôt fini?

THOMAS, même jeu.

Mais oui, ça s'avance... je crois même que ça y est !... (Mandrin à écarté les barreaux et attaché l'échelle.)

LE BRIGADIER.

Eh bien ! alors, venez par ici.

THOMAS.

Je ne demande pas mieux...

MANDRIN, à Boissec.

En route ! marquis, en route !

DE BOISSEC, montrant Margarita.

Mais elle ?

MARGARITA.

Moi, je reste... ne faut-il pas veiller sur cet homme, et l'empêcher de donner l'alarme.

THOMAS, à part.

Quelle luronne !

MARGARITA.

Hâtez-vous !

MANDRIN, sur la fenêtre.

Isaure !... je serai donc vengé !

DE BOISSEC, à Margarita.

Adieu ! adieu !

MARGARITA, à part.

Il ne m'a pas même regardée !

SCÈNE VII.

MARGARITA, THOMAS, LE GEOLIER, LE BRIGADIER, SOLDATS, MADAME DE MORVAL.

MADAME DE MORVAL, entrant dans le premier compartiment.

Ces pauvres agneaux !... Où sont-ils ? où sont-ils ?

LE BRIGADIER.

Toujours là, Madame.

MADAME DE MORVAL.

Ah ! je suis toute essoufflée !... Ne vous impatientez pas, mes enfants, on va venir... (Entrant.) Ah ! mon Dieu ! mais ce n'est pas Mandrin... Thomas ! que vois-je ?.. où sont-ils ?.. Disparus ! au secours ! à la garde !

LE BRIGADIER, entrant.

Mandrin ? où est Mandrin ?

THOMAS, montrant la fenêtre.

Là ! là !...

LE BRIGADIER.

Feu ! feu ! sur les fugitifs !... (Coups de feu. — Roulement de tambours en dehors. — A madame de Morval et à Thomas.) Et vous, je vous arrête comme leurs complices !

THOMAS.

Leurs complices !

MADAME DE MORVAL.

Moi !!! (On les emmène. — Le décor change à vue.)

Quatrième acte. — Huitième tableau.

(Un moulin sur la route de Lyon, près du village de Saint-Vallier. On voit d'un côté l'intérieur du moulin. Table, escabeaux, sacs de farine. A droite, une cheminée devant laquelle est un vieux fauteuil de bois ; à gauche, la porte communiquant au dehors. Au fond, une fenêtre ouvrant sur la rivière. Au dehors, la route de Lyon au fond, une petite rivière sur laquelle est un pont de bois. — Grands peupliers ; rochers abruptes ; clair de lune.

SCÈNE PREMIÈRE.

LE MEUNIER, SA FEMME.

LE MEUNIER.

Allons, femme, v'là l'heure du repos. J'ai à porter, demain matin, ces sacs de farine à Saint-Vallier... il faudra se lever dès le patron-minette... Ferme les contrevents pendant que je vas mettre la barre à la porte.

LA FEMME.

Depuis quand tant de précautions... notre homme, t'as donc peur des voleurs ?

LE MEUNIER.

Dam ! écoute donc, depuis quelque temps on raconte un tas d'histoires.. Ce matin, à Tournon, on ne parlait que de l'arrestation du fameux Mandrin ; tu sais bien, ce brigand qu'on cherchait depuis si longtemps ?

LA FEMME.

Eh bien ! s'il est en prison, il n'y a plus de danger.

LE MEUNIER.

On ne sait pas... on ne sait pas... ces gens-là, ça a des membres élastiques, ça vous glisse des doigts comme des anguilles ; puis, un beau jour, ça reparait tout à coup. (Tout en parlant, le meunier est sorti ; il s'apprête à refermer sa porte. — Plusieurs hommes ont paru au dehors, venant de différentes directions ; ils se sont réunis sur le pont, et se montrent du doigt le moulin et le meunier.)

SCÈNE II.

LES MÊMES, ROQUAIROL, CHRISTOPHE, BANDITS.

(Roquairol fait un signe : deux bandits s'approchent avec précaution du meunier et se jettent sur lui, tandis que deux autres s'emparent de sa femme.)

LE MEUNIER.

Jésus ! mon Dieu !... que voulez-vous de moi ?

LA FEMME.

A l'aide !

ROQUAIROL.

Silence ! on ne vous fera pas de mal... seulement, j'ai besoin de votre moulin, je le prends.

LE MEUNIER.

Mon moulin ? Vous me prenez mon moulin ?

ROQUAIROL.

Emmenez-les !... gardez-les à vue ! demain, au point du jour, vous les remettrez en liberté.

LE MEUNIER.

On se met à voler les moulins, à présent !... bonté divine ! dans quel temps vivons-nous ! (On l'entraîne ainsi que sa femme.)

CHRISTOPHE.

L'endroit est pittoresque, ce clair de lune sur ces eaux limpides... ce moulin perdu sous la feuillée !... (Déclamant en regardant la lune.)

> O soleil de la nuit ! astre mystérieux !
> O lune ! tu répands tes rayons lumineux
> Sur mon front inspiré ! ma muse plus docile
> T'emprunte ta clarté ! tu me rends.....

ROQUAIROL, lui donnant un coup de pied.

Imbécile !

CHRISTOPHE.

Tiens !... ma rime !

ROQUAIROL.

As-tu fini de contempler la lune ? Allons, viens m'aider à changer d'habits... (Ils entrent dans la maison.) Il doit y avoir dans ces tiroirs tout ce qu'il nous faut... justement voici un bonnet, une veste blanche... c'est mon affaire... cherche de ton côté.

CHRISTOPHE.

Je ne trouve que des cotillons...

ROQUAIROL.

Eh bien ! fourre-toi dedans, tu remplaceras la meunière.

CHRISTOPHE.

C'est une idée ! En flûtant ma voix, en serrant les... coudes, en baissant les yeux, on pourrait s'y méprendre.

ROQUAIROL, à quatre bandits.

Vous autres, derrière ces sacs, et qu'aucun ne bouge avant le moment convenu. (Les bandits se cachent au fond.)

CHRISTOPHE.

Si le marquis n'est pas content, il sera difficile... impossible d'exécuter plus promptement ses ordres.

ROQUAIROL.

Ah ! je suis si heureux de savoir le chef en liberté, que je regrette de ne pouvoir lui prouver ma joie autrement que par une obéissance passive.

CHRISTOPHE.

Nous le verrons sans doute cette nuit, lieutenant ?

ROQUAIROL

Je l'espère... Écoute, n'est-ce pas le bruit d'une voiture ?... oui... silence partout... et toi, Christophe, à ton rôle !

CHRISTOPHE, prenant une voix de femme.

Oh ciel ! ma toilette n'est pas encore achevée.

ROQUAIROL, lui enfonçant son bonnet sur la tête.

Tu mets ton bonnet de travers, animal !... Voici la voiture... ôte cette lampe devant ma figure... Ah !... Taupier nous a vus... il s'arrête.. attention !...

SCÈNE III.

LES MÊMES, BEAUVOISIN, MADAME BEAUVOISIN, LAMBERT, ISAURE, TAUPIER, en postillon.

(On entend le bruit d'une chaise de poste sur la route.)

LA VOIX DE LAMBERT, à la cantonade.

Eh bien ! pourquoi nous arrêter, postillon ? Continue ta route.

TAUPIER, de même.

Impossible, notre bourgeois... les chevaux ne veulent plus avancer... ils ont peut-être peur de traverser le pont, ou ben c'est qu'ils ont perdu quelque fer.

LAMBERT, de même.

Il faut t'en assurer au lieu de rester là planté sur la selle.

BEAUVOISIN, de même.

Si nous mettions pied à terre, beau-frère ? Nous traverserons le pont à pied, ce sera plus prudent.

LAMBERT, de même.

Si ces dames préfèrent cela?

TAUPIER, entrant.

Hé! le meunier... prêtez-moi donc votre lampe pour examiner les fers de mes chevaux. (Il échange avec Roquairol un signe de reconnaissance. — Lambert paraît.)

ROQUAIROL, à Christophe.

Christine! Christine!

CHRISTOPHE.

C'est à moi que vous parlez, lieutenant?

ROQUAIROL, bas.

A qui donc, animal? (Haut.) Christine, apporte la lampe, ma bonne amie.

CHRISTOPHE, d'une voix de fausset.

Voilà, notre homme, voilà!

BEAUVOISIN.

Quel bonheur, beau-frère, que vous soyez venu nous attendre à Tournon; je serais inquiet, je l'avoue, de me trouver seul, la nuit, sur une route déserte.

LAMBERT.

Vous êtes plus en sûreté ici que vous ne l'étiez il y a un mois dans votre maison auprès de ce misérable .. de ce...

MADAME BEAUVOISIN.

Mon frère, vous m'avez promis de ne plus prononcer ce nom...

LAMBERT.

C'est vrai, la leçon a été cruelle... j'étais loin de soupçonner moi-même...

TAUPIER.

Ah bien! ah bon! en voici bien d'une autre!

LAMBERT.

Qu'y a-t-il?

TAUPIER.

Il y a, notre bourgeois, que mes deux chevaux sont déferrés chacun d'un pied, et qu'il est impossible d'aller plus loin, voyez! (Lambert sort avec Taupier.)

LAMBERT, du dehors.

En effet! (Rentrant.) Mais n'y a-t-il pas un village près d'ici?

ROQUAIROL.

Le plus proche, mon bon Monsieur, est à quatre grandes lieues.

LAMBERT.

Quatre lieues! mais alors il nous faudra passer la nuit ici?

TAUPIER.

Je vas courir jusqu'au village, notre bourgeois, je ramènerai un maréchal ferrant... Dites donc, meunier, je peux-t'y mettre ces pauvres bêtes dans votre écurie? (Désignant la droite.) Là?

ROQUAIROL.

Oui, dà! et je pouvons aussi offrir not' moulin à ces beaux Messieurs et à ces belles dames... s'ils veulent ben y entrer.

BEAUVOISIN.

C'est, je crois, ce que nous avons de mieux à faire, beau-frère.

LAMBERT.

En effet!

ROQUAIROL, à Christophe.

Éclaire donc ces dames, ma bonne amie.

BEAUVOISIN.

Ah! que d'aventures, beau-frère, que d'aventures!... Je ne serai tranquille que lorsque nous serons arrivés à Lyon... et encore, quand je dis tranquille, je me trompe... vous vous absentez souvent pour vos affaires... quand vous ne serez pas là... qui veillera sur nous... sur ma fille, veux-je dire?

LAMBERT.

Isaure avait un protecteur que son cœur avait choisi, vous l'avez repoussé; maintenant il est trop tard.

BEAUVOISIN.

Erreur! mon cher beau-frère, erreur!.. M. de Simiane aime toujours Isaure. (Celle-ci relève la tête.) Au moment de partir, il m'a pris à part : « M. Beauvoisin, m'a-t-il dit, le scandale qui vient d'avoir lieu dans votre maison n'a point changé les sentiments de mon cœur... Pour moi Isaure est toujours un ange, votre erreur, cruellement expiée... n'a pu ternir sa pureté... je l'aime aujourd'hui comme je l'aimais hier, et je vous demande sa main. »

ISAURE, émue.

Il a dit cela!... O cher Hector!

LAMBERT.

S'il en est ainsi, mon frère... rien n'est désespéré, et nous verrons bientôt sur ce jeune et frais visage renaître l'espérance, la joie, le bonheur!... Voyez, déjà ses larmes sont taries... Quel dictame souverain qu'une parole d'amour sur un cœur de dix-sept ans!...

MADAME BEAUVOISIN.

Mais, la pauvre enfant doit avoir besoin de repos, et si nous devons passer ici la nuit...

LAMBERT, au meunier.

Avez-vous une autre pièce pour ces dames?

ROQUAIROL.

Celle-ci est la plus belle... c'est notre chambre, mais j'avons le hangar.

LAMBERT.

Mais vous?

ROQUAIROL.

Oh! nous .. j'avons besoin de nous lever de bonne heure... je ne nous coucherons pas... n'est-ce pas, Christine?

CHRISTOPHE, avec sa voix d'homme.

Parbleu!

BEAUVOISIN, effrayé.

Elle jure! quelle gaillarde!

LAMBERT.

En ce cas, ma sœur, restez ici avec Isaure; Beauvoisin et moi nous attendrons avec ces braves gens le retour du postillon.

ROQUAIROL.

Voici un bon fauteuil pour la jeune dame...

ISAURE, s'asseyant.

Merci, braves gens, merci!... Ah! je succombe à la fatigue!...

MADAME BEAUVOISIN.

C'est cela .. repose-toi bien, mon enfant... je vais chercher dans la voiture une coiffe de nuit.

ISAURE.

Hâtez-vous, ma mère!...

MADAME BEAUVOISIN, la baisant au front.

Sois tranquille, mon enfant, sois tranquille... tu n'as plus rien à craindre maintenant... (Bas.) Hector t'aime toujours!

ISAURE, souriant, à moitié endormie.

Ah, mon oncle a raison; ces mots-là m'ont fait oublier toutes mes souffrances!... (Madame Beauvoisin sort doucement en recommandant par geste au meunier et à sa femme de ne faire aucun bruit. A peine est-elle partie, que la fenêtre du moulin s'ouvre; un homme enveloppé d'un long manteau noir paraît à cette fenêtre; il porte un costume noir, des pistolets à sa ceinture et un chapeau orné d'une plume noire; c'est Mandrin. Il fait un signe à Roquairol et à Christophe, ceux-ci s'empressent de fermer la porte, et vont rejoindre de Boissec, resté en dehors du moulin, les coudes appuyés sur le bord de la fenêtre. Mandrin s'approche à pas lents d'Isaure, croise les bras sur sa poitrine, et la contemple un instant sans rien dire; puis, étendant le bras, il la touche légèrement à l'épaule. Isaure ouvre les yeux, et apercevant Mandrin debout devant elle, se croit le jouet d'un songe; sa physionomie exprime l'étonnement d'abord, puis le doute, puis enfin la terreur la plus vive. Elle veut pousser un cri, mais sa voix, étranglée, s'arrête dans sa gorge. Elle reste ainsi, l'œil fixe, immobile, haletante, à demi renversée sur le fauteuil.)

SCÈNE IV.

LES MÊMES, MANDRIN, puis DE BOISSEC.

MANDRIN.

Isaure, je vous avais dit que vous me reverriez et que ce jour-là je commanderais en maître... me voici! (Les bandits cachés, à la voix de Mandrin, ont entouré la jeune fille.)

ISAURE.

C'est un rêve!... un rêve horrible!

MANDRIN.

Êtes-vous prête à me suivre?

ISAURE.

Vous suivre! moi!... ô mon Dieu! mon Dieu!... c'est bien vrai!... Mandrin est là, devant moi!... Mais je ne suis pas seule... on viendra à mes cris... on me défendra...

MANDRIN.

Vous défendre! qui donc l'oserait?

MADAME BEAUVOISIN, du dehors, frappant à la porte.

Pourquoi donc a-t-on fermé cette porte? Ouvrez, ouvrez donc!

ISAURE.

Ma mère!

MANDRIN, voulant l'entraîner.

Venez!

ISAURE, se dégageant.

Au secours! au secours! (Les quatre bandits lèvent leurs poignards sur elle.)

MANDRIN.

Imprudente, c'est la mort que tu appelles sur ceux qui oseraient te défendre!

ISAURE, avec terreur.

La mort!... Je vous suis!... (Mandrin l'enlève dans ses bras et la remet à de Boissec, placé en dehors de la fenêtre.)

LAMBERT ET BEAUVOISIN, accourant.

Isaure! que se passe-t-il?

MADAME BEAUVOISIN.

Là! là! des cris...

LAMBERT, saisissant une barre de fer.

Il faut briser cette porte.

ISAURE, sur la fenêtre.

Ma mère! ma mère! (On l'entraîne.)

MANDRIN, aux bandits.

Ouvrez!... la fête sera complète!

BEAUVOISIN, reculant épouvanté.

Mandrin!

MADAME BEAUVOISIN.

Ma fille! malheureux!... qu'as-tu fait de ma fille? (Les bandits les saisissent et les empêchent d'avancer.)

BEAUVOISIN, suppliant.

Capitaine!... au nom de notre ancienne amitié...

LAMBERT, se dégageant et saisissant la barre de fer dont il s'est servi pour briser la porte.

Cessez de supplier ce misérable... la mort... la mort.. à ce bandit!...

MANDRIN, tirant un coup de pistolet.

On ne tue pas Mandrin!

LAMBERT, frappé.

Ah!

MADAME BEAUVOISIN, tombant évanouie.

Justice du ciel!

ISAURE, que deux bandits emportent en dehors.

Mon oncle! Ah! je suis maudite!

MANDRIN.

Maintenant, compagnons, le feu à cette masure! un feu de joie pour les noces de votre capitaine!

TOUS.

Hourrah! vive le capitaine! (Quelques bandits mettent le feu à la maison, tandis que les autres donnent le signal du départ; Mandrin, debout sur le pont, enveloppé de son grand manteau noir et le visage éclairé par les lueurs de l'incendie, contemple tantôt Isaure qu'on entraîne, tantôt le groupe formé par Beauvoisin, sa femme et Lambert.)

Cinquième acte. — Neuvième tableau.

Le sommet d'une montagne. — Au fond, à droite, un grand rocher praticable. — Des pierres mobiles masquant une entrée souterraine. Des bandits sont groupés dans différentes attitudes. — Aspect d'un camp, un trépied est au bas du rocher. — Mandrin est au sommet de la montagne.

SCÈNE PREMIÈRE.

MANDRIN, ROQUAIROL, DE BOISSEC. CHRISTOPHE, TAU-PIER, LE DOCTEUR, PIETRO, BANDITS.

MANDRIN.

Compagnons, les combats ont éclairci nos rangs, la trahison nous enveloppe... une armée entière marche contre nous... faut-il abandonner notre camp sans combattre? faut-il fuir lâchement?

TOUS.

Non! non!

MANDRIN.

J'avais prévu votre réponse, et c'est pour cela que j'ai fait apporter ce trépied. Jurez, la main étendue sur ce brasier ardent, de souffrir les plus cruelles tortures plutôt que de révéler les secrets de notre association. Jurez de frapper sans pitié celui qui donnerait seulement un signe de faiblesse : celui-là, fût-il votre frère, fût-il votre fils, fût-il votre chef!

TOUS, le bras étendu.

Nous le jurons.

MANDRIN.

Bien. Maintenant, compagnons, voici ce que j'ai résolu. Nous allons attendre ici l'attaque dont nous sommes menacés. Si nous sommes vainqueurs, nous renoncerons désormais au vol vulgaire, dangereux, improductif (Murmure des bandits.) pour un vol plus facile et plus profitable!...

TOUS.

Bravo! bravo!

MANDRIN.

Jetez les yeux sur ces riches contrées... d'un côté la Savoie, de l'autre la France; cette terre a des produits que cette autre n'admet pas : nous pratiquerons l'échange. Nous serons utiles à la société!...

TOUS.

Vive Mandrin! vive le capitaine!

MANDRIN, descendant du rocher.

Si nous sommes vaincus, je vous ai ménagé un moyen de retraite. Une issue souterraine, masquée par ces rochers mobiles, conduit au bas de la montagne, du côté de la Savoie. Voyez. (Il fait jouer un ressort, les rochers se déplacent et laissent voir l'entrée du souterrain.) Avant que les soldats ou les employés de la ferme soient arrivés au sommet de la montagne, vous serez en sûreté sur une terre étrangère.

ROQUAIROL.

Nous mourrons avec vous, ou nous serons vainqueurs!

TOUS.

Oui! oui!

MANDRIN.

Bien. Maintenant, allez!

TOUS.

Vive le capitaine! vive Mandrin! (Ils sortent.)

SCÈNE II.

MANDRIN, DE BOISSEC.

DE BOISSEC.

C'est donc une guerre à mort entre toi et la société?

MANDRIN.

A mort! Je veux lui faire payer avec des pleurs de sang le mépris dont elle m'accable!

DE BOISSEC.

Qui?... elle?

MANDRIN.

Et bien, oui... tu m'as compris; ce n'est pas de la société que je veux me venger, ce n'est pas du mépris de la société que je souffre, c'est de ceux de cette jeune fille qui depuis huit jours me tient suppliant, honteux, irrésolu à ses pieds. Ah! si tu savais jusqu'où va ma faiblesse! J'arrive auprès d'elle la tête exaltée, le cœur palpitant... bien décidé à triompher de sa résistance; elle me regarde avec ses grands yeux bleus, si limpides qu'ils me semblent un reflet du ciel! Elle me parle avec sa voix si douce... elle ne m'adresse souvent qu'une parole, et cette parole, fût-elle un mot de dédain, je tombe à ses pieds en lui demandant grâce et pardon!... Vertu! vertu!... quelle est donc ta puissance!...

DE BOISSEC.

Ce n'est pas moi, cher ami, qui répondrai à cette question. Que ne me demandes-tu plutôt quelque secret, quelque philtre pour endormir cette farouche beauté.

MANDRIN.

J'y ai bien songé... Mais ces moyens me répugnent : je ne voudrais la tenir que d'elle-même.

DE BOISSEC.

Ah! si tu veux descendre le fleuve du *Tendre*, prends la lyre de Christophe et chante ton martyre pour charmer le voyage.

MANDRIN.

Oui, cette situation est ridicule; elle ne peut durer plus long-temps. Aujourd'hui même elle cessera. (Un signal se fait entendre au bas de la montagne.) Qu'est cela?

DE BOISSEC, voyant entrer Roquairol.

Nous allons le savoir.

SCÈNE III.

LES MÊMES, ROQUAIROL.

ROQUAIROL.

Capitaine, une dizaine de soldats de la maréchaussée, commandés par un brigadier, montent le sentier de la montagne, que faut-il faire?

MANDRIN.

Laissez-les approcher... Coupez-leur la retraite, et feu partout! Jetez les cadavres au torrent, amenez ici les prisonniers. (Roquairol sort.)

DE BOISSEC.

Nos hommes s'embusquent... l'ennemi s'approche sans défiance... Ah!... (Coups de feu.)

MANDRIN.

Ah! ah! ils sont tombés dans l'embuscade.

DE BOISSEC.

Le combat n'a pas été long... Voici Roquairol, il traîne un prisonnier. ((Roquairol rentre en scène, suivi d'une dizaine de brigands, au milieu desquels est placé, les mains liées, un brigadier de la maréchaussée.)

SCÈNE IV.

LES MÊMES, UN BRIGADIER DE LA MARÉCHAUSSÉE.

MANDRIN, aux brigands.

Laissez cet homme... (Au brigadier.) Que venais-tu faire ici

LE BRIGADIER.

Je te cherchais, bandit, pour te livrer aux lois.

MANDRIN, riant.

Avec une armée de dix hommes, c'est plus que de la bravoure, c'est de la folie.

LE BRIGADIER.

Je savais que les misérables qui t'entourent étaient plus nombreux qu'on ne pensait; mais que m'importait! on m'a dit : « Marche! c'est le devoir ! » je suis parti.

MANDRIN.

Et tes compagnons sont tombés à la première décharge, (Faisant un signe aux bandits.) et toi-même, tu vas mourir!

LE BRIGADIER.

Je suis prêt!

MANDRIN.

Tu as du courage... c'est dommage! mais un serment terrible nous lie. Pas de grâce, pas de pitié pour nos ennemis... la mort !

LE BRIGADIER.

Frappe donc! (Mandrin fait un signe; les bandits vont frapper, quand Isaure paraît et se place devant le prisonnier.)

SCÈNE V.

Les mêmes, ISAURE.

ISAURE.

Assassiner ce malheureux! .. c'est une lâcheté!

MANDRIN.

Isaure !

ISAURE, se jetant aux pieds de Mandrin.

Grâce pour lui!

MANDRIN.

Cet homme doit mourir!... retirez-vous, Isaure.

ISAURE.

Non!... j'embrasse vos genoux... Si dégradé, si avili, si ulcéré que soit votre cœur, il n'est pas cruel... vous me l'avez dit. Pitié, pitié! pour ce malheureux!

MANDRIN, à voix basse.

De la pitié! en avez-vous pour moi, vous? Sacrifice pour sacrifice... je vous donne la vie de cet homme, dussé-je la payer de la mienne, si vous voulez être à moi!...

ISAURE.

Jamais!

MANDRIN, aux bandits.

Frappez!

ISAURE, poussant un cri.

Ah !

LE BRIGADIER, qu'on entraîne dans la coulisse.

Lâche... que mon sang retombe sur toi.

MANDRIN.

Que tous ceux qui voudraient pénétrer dans notre camp éprouvent le même sort. Allez!... (Sortie des bandits)

DE BOISSEC, bas à Mandrin.

Allons, de l'audace !

MANDRIN.

J'en aurai! (De Boissec sort.)

SCÈNE VI.

MANDRIN, ISAURE.

MANDRIN.

Isaure, écoutez-moi... Je vous aime!... (Isaure fait un mouvement.) Oh! ne me regardez pas ainsi. Vos regards me rendraient fou! et je veux conserver ma raison pour vous faire comprendre que mon amour est désormais le seul refuge qui vous reste. Si, touché par vos prières, ébranlé par vos larmes, je vous laissais libre de me quitter, qu'arriverait-il? Vous avez été enlevée à votre famille, vous avez passé huit jours dans ce camp, seule avec moi le jour, seule avec moi la nuit; pour tous, pour le monde comme pour mes compagnons, vous êtes ma maîtresse... Vous direz le contraire? qui vous croira? Est-ce mon témoignage que vous invoquerez? Non! n'est-ce pas? Votre réputation est donc bien irrévocablement perdue.

ISAURE.

Il me reste ma conscience.

MANDRIN.

Qu'est-ce que la conscience sans le respect d'autrui?

ISAURE.

Vous demandez ce qu'est la conscience, Mandrin? qui donc aujourd'hui vous fait hésiter devant un crime pour triompher de ma résistance? vous avez la puissance, vous avez la force, vous avez la volonté, qui donc arrête votre bras? qui donc fait baisser vos regards devant les miens? C'est cette voix qui vibre au fond de l'âme du criminel avec chaque battement de ses artères, c'est cette voix qui trouble ses jours et ses nuits, qui confond ses pensées, épouvante ses rêves et qui crie d'autant plus haut à son oreille qu'il fait plus d'efforts pour ne pas l'entendre!... C'est la conscience !

MANDRIN.

Toujours! toujours ce fantôme de la vertu qui vient se placer entre elle et moi! Eh bien! soit! tu me l'as dit toi-même, le repentir peut expier les crimes les plus grands. Aime-moi, Isaure, et je me repentirai! Tout à l'heure encore, irrité par tes longs refus, je viens de prononcer les serments les plus formidables... Ces serments je les abjurerai. Nous fuirons ensemble... nous irons vivre dans quelque pays lointain... Mandrin... deviendra lâche pour te plaire!... Oui, si tu veux, mon implacable volonté, si puissante pour faire le mal, se tournera vers le bien, et alors, fort de ton amour, j'accomplirai des miracles... Oui, cette tâche... dis un mot et je l'entreprendrai !

ISAURE.

Il est trop tard.

MANDRIN.

Isaure !

ISAURE.

Certes, il n'est pas de faute, de crime même qui ne puisse trouver son pardon devant Dieu. Dieu peut vous pardonner par ce que sa justice est infaillible, et qu'il peut lire au fond de votre cœur... mais moi je ne suis qu'une femme... j'éprouve à votre vue seule un frémissement insurmontable... mon cœur se soulève à votre approche; lorsque vous me regardez, il me semble lire dans vos yeux une menace... lorsque vous me parlez, il me semble entendre un arrêt de mort, comme celui qui tout à l'heure vient de tomber de vos lèvres !

MANDRIN, voulant s'approcher d'elle.

Isaure, c'est de la folie!...

ISAURE, reculant.

Prenez garde!... il y a du sang sur vos mains!

MANDRIN.

Du sang?...

ISAURE.

Est-ce celui du malheureux que vous venez d'égorger? est-ce celui de mon oncle Lambert que vous avez assassiné?

MANDRIN.

Isaure! ma patience est à bout! ne réveillez pas en moi les mauvaises passions que votre vue a la puissance d'endormir! ne me faites pas souvenir que je suis...

ISAURE, calme.

Tu es un bandit, et je te méprise!

MANDRIN, rugissant, et portant la main à son poignard.

Isaure !

ISAURE.

Frappe! c'est ton métier!...

MANDRIN, jetant son poignard.

Ah! je ferai plier ton orgueil!... cette vertu dont tu es si fière va tomber sous mon souffle!... tes bras seront impuissants... tes cris seront inutiles... tu es à moi désormais!...

SCÈNE VII.

Les mêmes, MARGARITA.

MARGARITA, pâle, amaigrie, chancelante, apparaît tout à coup derrière un rocher. Elle s'approche d'Isaure et se place entre elle et Mandrin.

MANDRIN, reculant.

Margarita!

ISAURE.

Elle! toujours elle pour me sauver !

MARGARITA.

Ainsi donc, pendant que je donnais ma vie pour toi, voilà quelle était ta reconnaissance? Je ne te parle pas de tes serments... je sais maintenant ce qu'ils valent. (A Isaure.) Écoutez, ô jeune fille! à cet homme qui vous parle d'amour... une femme, une insensée! avait donné son âme tout entière : sa maîtresse! non! elle s'était faite sa servante... son esclave. Cet homme la trahit une fois... elle lui pardonna... Il était prisonnier, elle s'introduisit dans son cachot, prit sa place, et pendant huit jours elle expia son dévouement dans la captivité et dans les souffrances. (A Mandrin.) Regarde ces yeux creusés par les larmes, ces membres brisés par la torture... c'est pour toi que j'ai pleuré, c'est pour toi que j'ai souffert, c'est pour toi que j'allais mourir... quand mes bourreaux, lassés de mon courage, m'ont jetée hors de ma prison, pâle, exténuée, me soutenant à peine!... je me suis traînée jusqu'à toi... je me disais : il va me tendre les bras, il va me recevoir comme un ange sauveur; il va, à force d'amour, me faire oublier mes longues heures d'angoisse!... c'était ma consolation, mon espérance, mon rêve!... Voici la réalité!... Cet homme est là, il m'écoute froidement, son regard seul trahit sa colère : il médite ma perte et la vôtre!... Prends garde, Mandrin, la patience de Dieu peut se lasser à la fin, déjà sa foudre gronde, il est temps encore de la conjurer, dans un instant il sera trop tard !

MANDRIN.

Que veux-tu ?

MARGARITA.

Rends la liberté à cette jeune fille.

MANDRIN.

Jamais.

MARGARITA.

Ce n'est point une prière que je t'adresse, c'est un ordre que je te donne.

MANDRIN.

Un ordre!

MARGARITA.

Je ne suis plus l'esclave dévouée qui tremblait à ta voix... la fée bienfaisante qui écartait le danger de ton front. Mon cœur, pétrifié par ta lâche trahison, n'a plus ni pitié ni amour. Je suis la vengeance, je suis le châtiment !... Obéis!

MANDRIN.

Jamais! J'aime cette jeune fille, rien ne pourra l'arracher de mes bras !

MARGARITA.

Eh bien, malheur à toi!... (Elle s'élance sur une pointe de rocher et agite un mouchoir.)

MANDRIN.

Que fais-tu ?

MARGARITA.

Rien. Je te trahis, voilà tout !

MANDRIN.

Quoi !.. ce signal ?

MARGARITA.

Les dragons de M. de Simiane sont au bas de la montagne.

ISAURE.

M. de Simiane !

MARGARITA.

Ce signal est celui de ta perte.

MANDRIN, armant un pistolet.

Misérable ! (Il lui tire un coup de pistolet.)

ISAURE.

Ah! au secours ! au secours !

MANDRIN, l'entraînant vers le fond.

Dans ce souterrain, tes cris ne seront pas entendus ! (Il fait jouer le ressort. Les rochers se séparent. Au moment où il va s'élancer dans le souterrain, plusieurs dragons paraissent sur le seuil.)

SCÈNE VIII.

Les mêmes, DE SIMIANE, PIÉTRO, ROQUAIROL, bandits.

MANDRIN, reculant.

Trahison !.. (Il disparaît dans la coulisse en entraînant Isaure. — Les dragons le poursuivent.)

PIÉTRO, courant à Margarita, qui descend la montagne en chancelant.

Margarita!.. blessée !..

MARGARITA.

C'est juste !.. je lui ai sauvé la vie, il devait me donner la mort!

PIÉTRO, l'emportant dans ses bras.

Oh ! je te vengerai !

ROQUAIROL.

Aux armes ! trahison ! trahison ! (Le combat s'engage entre les soldats et les bandits. Ceux-ci sont mis en déroute. A ce moment, Mandrin reparaît sur le sommet de la montagne; il entraîne toujours Isaure, qui résiste en vain ; il se place devant elle, le sabre d'une main, un pistolet de l'autre et un poignard entre les dents. Il rallie les bandits et le combat recommence. Mandrin, assailli par six hommes, les met tous hors de combat. Il aperçoit de Simiane et se précipite vers lui. De Simiane renversé, va succomber, quand il blesse Mandrin d'un coup de pistolet. On se jette sur Mandrin, et après une vive résistance il est fait prisonnier.)

DE SIMIANE, courant à Isaure.

Isaure !

MANDRIN, enchaîné.

Bah !.. tout n'est pas fini... j'en reviendrai encore !

DE SIMIANE, aux soldats.

Et maintenant, à Valence !

TOUS.

A Valence ! (On entraîne Mandrin et les autres bandits. — Le décor change.)

Dixième tableau.

Une place publique à Valence : au centre de la place un échafaud surmonté d'une roue ; sur l'échafaud, le bourreau tenant une barre de fer à la main ; les brigands, garrottés, sont couchés à terre ; les soldats les tiennent en respect, le sabre levé ou le pistolet au poing ; au fond, la ville embrasée. — Foule nombreuse.

SCÈNE UNIQUE.

DE SIMIANE, MANDRIN, MARGARITA, PIÉTRO, ROQUAIROL, DE BOISSEC, bandits, soldats.

DE SIMIANE.

Les brigands sont vaincus... ils ont fait une dernière tentative pour délivrer leur chef, mais grâce aux révélations de cet homme (Il désigne Piétro.) leurs projets ont échoué. On se rend maître de l'incendie allumé par eux dans les faubourgs de la ville... Force reste à la loi et justice sera faite.

ROQUAIROL, frappant Piétro.

Justice partout !

DE SIMIANE, désignant Roquairol.

Arrêtez cet homme ! (A ce moment Mandrin paraît. Il est accompagné de dragons, le sabre nu. Ses mains sont liées, il s'avance lentement. Un murmure général accueille son arrivée.)

TOUS.

Le voilà !.. Mandrin !.. c'est lui !.. (Le cortége traverse le théâtre. Mandrin monte sur l'échafaud.)

MARGARITA, de la coulisse.

Oh ! le voir !... le voir une dernière fois !... le voici !... Repens-toi, Mandrin !.. il est temps encore... et peut-être... mes prières obtiendront-elles de Dieu ton pardon et le mien... Je vais te précéder auprès de lui... Adieu ! (Elle meurt.)

MANDRIN, la contemplant.

Pauvre Margarita !.. elle seule m'aimait... et c'est son amour qui m'a perdu !

DE SIMIANE.

Tu te trompes, Mandrin, ce sont tes crimes! (Mandrin relève la tête, le regarde fixement, puis ses yeux s'abaissent sur Margarita. Il laisse retomber sa tête sur sa poitrine et se couche sur la roue. — Le rideau baisse.)

NOTA. — Pour faciliter la représentation de cette pièce en province, Messieurs les directeurs sont prévenus qu'ils peuvent, sans inconvénient, y introduire les modifications suivantes :

1° Supprimer le changement à vue du deuxième au troisième tableau, en commençant le deuxième acte dans le décor du troisième tableau ou dans celui du quatrième.

2° Couper le théâtre verticalement au lieu de le couper horizontalement.

3° Supprimer le changement à vue du cinquième au sixième tableau, en commençant le troisième acte dans le décor du sixième tableau et en faisant entrer Margarita sur la réplique :

« Il fallait lui demander son nom.

MARGARITA.

« Qu'importe mon nom, etc. »

4° Supprimer le premier compartiment de la prison, et mettre à la cantonade une partie de ce qui s'y dit.